Heyne
Ex
Libris

Die Brüder Grimm in ihren Selbstbiographien

illustriert mit Bildern ihrer Zeit

Herausgegeben von
Manfred Kluge

Wilhelm Heyne Verlag
München

HEYNE-BUCH Nr. 09/120
im Wilhelm Heyne Verlag, München

Printed in Germany 1985
Umschlaggestaltung: Christian Diener
Umschlagfoto und Innenillustrationen: Archiv für Kunst und Geschichte, Berlin
Gesamtherstellung: Pustet, Regensburg
ISBN 3-453-42131-0

Inhalt

Jugendbildnis der Brüder Grimm
Lithographie von Ludwig Emil Grimm

Vorwort

Seit dem Jahre 1781 erschien in 15 Bänden ein von Wilhelm Strieder (1739–1815) herausgegebenes Werk, in dem der Kasseler Bibliothekar ausführliche Lebensbeschreibungen der Schriftsteller und Gelehrten zusammengetragen hatte, »die in den gesamten Hessischen Landen seit der Reformation bis auf die gegenwärtigen Zeiten« lebten. Den 16. Band gab nach Strieders Ausscheiden der Marburger Historiker Ludwig Wachler 1812 heraus; Band 17 und 18 folgten 1819, betreut von dem Theologieprofessor und Konsistorialrat Karl Wilhelm Justi (1767–1848), der im Vorwort des letzten Bandes bereits ankündigte, daß er einen Ergänzungsband plane, »der diejenigen Gelehrten enthalten soll, die erst nach dem Jahre 1806 in Hessen wirksam gewesen oder als Schriftsteller darin aufgetre-

Jakob und Wilhelm Grimm
Radierung von Ludwig Emil Grimm, 1843

ten sind«. In diesem Supplementband durften natürlich auch die Brüder Grimm nicht fehlen.

Im Februar 1829 verschickte Justi seine Suskriptionsanzeige an Wilhelm Grimm, mit dem handschriftlichen Vermerk: »Dem Herrn Bibliothek-Sekretar Dr. Grimm, mit gehorsamster Bitte um gefällige Mittheilung der Selbstbiographie.« Jakob Grimm erhielt außer dieser Anzeige noch folgenden Brief aus der Feder Justis:

»Wohlgeborener Herr, Hochverehrter Herr Bibliothekar, Indem ich mich beehre, die Anzeige von einem heraus zu gebenden Ergänzungsbande zur Hessischen Gelehrten-Geschichte, Euer Wohlgeboren, zu übersenden, füge ich zugleich die angelegentliche Bitte hinzu, daß Sie mich mit Ihrer eigenen Biographie und dem genauen Verzeichnisse Ihrer trefflichen Schriften baldgefälligst erfreuen möchten. Ein Schriftsteller, auf den unser Vaterland stolz zu sein Ursache hat, darf in einem solchen Werke nicht fehlen! Mit großer Theilnahme las ich neulich das schöne Denkmal, das Sie unserm verewigten Völkel in der Kass. A. Zeit. gestiftet haben. Vor wenigen Jahren brachte ich noch einige köstliche Stunden in seiner Gesellschaft zu. Möge der Himmel unserm Vaterlande die wenigen Zierden, deren es sich noch erfreut, recht lange erhalten! – Die andere Anzeige bitte ich Ihrem verehrten Herrn Bruder, nebst meinen herzlichsten Empfehlungen zu übergeben, sonst würde ich ihm noch besonders geschrieben haben. Leben Sie wohl, würdiger Mann, und schenken Sie Ihr freundliches Wohlwollen Ihrem Sie hoch verehrenden Dr. Justi. Marburg, d. 8. März 1829.«

Am 26. April 1829 traf Jakobs Zusage aus Göttingen ein, Ende Juli 1830 schickte er dann nach einigen Verzögerungen den gewünschten Aufsatz:

»Göttingen 25 Jul. 1830

Hierbei folgt nun, verehrtester Herr Generalsuperintendent, der geforderte Aufsatz, mit dem Wunsch, daß er Ihnen für Ihr Werk brauchbar erscheinen möge. Meine Lebensumstände sind so unbedeutend, daß ich beinahe fürchte Dinge berührt zu

Jakob Grimm
Kohlezeichnung von Franz Krüger, 1840

haben, die höchstens mich selbst in der Erinnerung interessieren können. Wilhelm ist mit seinem Bericht noch nicht fertig, er wird ihn mit Post nachsenden, ich wollte die sich eben darbietende Gelegenheit nutzen, um Ihnen das Manuscript, dessen Sie vielleicht bedürfen, zu übermachen.

In Göthes und Sch. Briefwechsel thut mir zwar der Hochmuth weh, in dem sich zwei so ausgezeichnet begabte Geister über alles

Ansicht des Geburtshauses der Brüder Grimm in Hanau

andere stellen und sich damit gleichsam auf eigne Hand fertig zu werden getrauen; dabei kommt gleichwohl ihre eigne Natur auf allen Seiten großartig hervor. Mit wahrer Verehrung der Ihrige Jac. Grimm.«

Selbstbildnis von Ludwig Emil Grimm

In der ersten Septemberwoche schickte auch Wilhelm seine Selbstbiographie an Justi:

»Göttingen. 7 Sept. 1830

Hochwürdiger Herr, Hochverehrter Herr Generalsuperintendent

Beiliegende Lebensbeschreibung oder richtiger: Erinnerungen aus meinem Leben sende ich Ew. Hochwürden, später als ich dachte und wünschte, allein Besuch von Verwandten und 3 Wochen lange Plage heftiger rheumatischer Schmerzen haben es mir unmöglich gemacht, mein Versprechen früher zu erfüllen. Ich hoffe indessen daß dieser Beitrag noch zu rechter Zeit anlangt und bitte um die Gewogenheit, mir zwanzig Exemplare auf beiliegendes feines Papier mit veränderten Seitenzahlen abdrucken zu lassen; ich wünschte meine Freunde damit zu beschenken.

Ich bitte Sie, die Versicherung der vollkommensten Hochachtung anzunehmen, mit welcher ich verharre Ew. Hochwürden ganz ergebenster Dr. Wilhelm Grimm.«

Unter dem Titel »Grundlage zu einer hessischen Gelehrten-, Schriftsteller- und Künstler-Geschichte vom Jahre 1806 bis zum Jahre 1830« erschien der Supplementband mit den beiden Selbstbiographien der Brüder Grimm 1831 in Marburg.

*

Das »Hausbüchel für unser Lebenlang« hat Jakob Grimm seinen Geschwistern zu Weihnachten 1820 geschenkt. Die Auflage des in Kassel 1820 im Verlag von Jakob Grimm erschienen Büchleins war, »weil es in keine fremde Hand kommen soll«, sehr klein und nur für den engsten Familien- und Freundeskreis bestimmt. Drei Exemplare haben sich erhalten. Zwei besaß die Kasseler Grimm-Gesellschaft, das dritte war ein Geschenk Hermann Grimms an Reinhold Steig, dem langjährigen Verwalter des wissenschaftlichen Nachlasses der Brüder Grimm. Dieses Handexemplar Jakobs, in das der ältere Bruder die weiteren Familienereignisse bis gegen Ende des Jahres 1826 eintrug, wird hier in Faksimile wiedergegeben. Steig hat die bei Jakob fehlenden Daten nachgetragen.

Das Bildnis der Schwester Lotte stammt vom jüngsten der Brüder Grimm, dem Zeichner und Radierer Ludwig Emil Grimm, dem ersten Illustrator der Kinder- und Hausmärchen.

Jakob Grimm

Ich bin der zweite Sohn meiner Eltern[1]) und zu Hanau 4. Januar 1785 geboren. Mein Vater wurde, als ich ungefähr sechs Jahre alt war, zum Amtmann nach Steinau an der Straße, seinem Geburtsort, ernannt, und in dieser wiesenreichen, mit schönen Bergen umkränzten Gegend stehen die lebhaftesten Erinnerungen meiner Kindheit. Aber allzufrüh schon, den 10. Januar 1796, starb der Vater, und ich sehe den schwarzen Sarg, die Träger mit gelben Zitronen und Rosmarin in der Hand, seitwärts aus dem Fenster, noch im Geist vorüberziehen. Ich weiß mir ihn überhaupt sehr genau vorzustellen, er war ein höchst arbeitsamer, ordentlicher, liebevoller Mann; seine Stube, sein Schreibtisch und vor allem seine Schränke mit ihren sauber gehaltenen Büchern, bis auf die rot und grünen Titel vieler einzelnen darunter sind mit leibhaft vor Augen. Wir Geschwister[2]) wurden alle, ohne daß viel davon die Rede war, aber durch Tat und Beispiel streng reformiert erzogen, Lutheraner, die in dem kleinen Landstädtchen mitten unter uns, obgleich in geringerer Zahl, wohnten, pflegte ich wie fremde Menschen, mit denen ich nicht recht vertraut umgehen dürfte, anzusehen, und von Katholiken, die aus dem eine Stunde weit entlegenen Salmünster oft durchreisten, gemeinlich aber schon an ihrer bunten Tracht zu erkennen waren, machte ich mir wohl scheue, seltsame Begriffe. Und noch jetzt ist es mir, als wenn ich nur in einer ganz einfachen, nach reformierter Weise eingerichteten Kirche recht von Grund andächtig sein könnte; so fest hängt sich aller Glaube an die ersten Eindrücke der Kindheit, die Phantasie weiß aber auch leere und schmucklose Räume auszustatten und zu beleben, und größere Andacht ist nie in mir entzündet gewesen, als wie ich an meinem Konfirmationstage nach zuerst empfangenem heiligen Abendmahl auch meine Mutter um den Altar der Kirche gehen sah, in welcher einst mein Großvater[3]) auf der Kanzel gestanden hatte. Liebe zum Vaterland war uns, ich weiß nicht wie, tief eingeprägt, denn gesprochen wurde eben auch nicht davon, aber es kam bei den Eltern nie etwas vor, aus dem eine andere Gesinnung hervorge-

Jakob Grimm
Stahlstich von Sichling

leuchtet hätte; wir hielten unsern Fürsten für den besten, den es geben könnte, unser Land für das gesegneteste unter allen; es fällt mir ein, daß mein vierter Bruder, der von uns hernach am frühsten und längsten im Ausland leben mußte, als Kind auf der hessischen Landkarte alle Städte größer und alle Flüsse dicker malte. Mit einer Art von Geringschätzung sahen wir z. B. auf Darmstädter herab.

Wir wurden bei einem Stadtpraeceptor Zinkhan unterrichtet, von dem wenig zu lernen war außer Fleiß und strenge Aufmerksamkeit, aber aus dessen charakteristischen Benehmen uns eine Menge ergötzlicher Späße, Redensarten und Manieren zurückgeblieben ist. Der Zeiger auf dem weißen Zifferblatt der nämlichen Wanduhr, die schon damals in der elterlichen Stube stand und noch jetzt in meiner Wohnung geht, sehe ich mir manchmal darauf an, ob er mir die Ankunft oder das ersehnte Weggehen des Schulmeisters in dem himmelblauen Rock mit schwarzer Hose und Weste ankündigte. Bald wurde es notwendig, auf unsere gründlichere Unterweisung Bedacht zunehmen. Das Vermögen der Mutter war schmal und sie hätte uns sechs Kinder schwer auferziehen können, wenn nicht eine ihrer Schwestern, Henriette Philippine Zimmer[4]), die bei der höchstseel. Kurfürstin oder damalige Landgräfin von Hessen[5]) erste Kammerfrau und von der reinsten, aufopfernden Liebe zu uns beseelt war, sie treulich unterstützt hätte. Diese ließ mich und meinen Bruder Wilhelm also im Jahre 1798 nach Kassel kommen und in Kost geben, damit wir uns auf dem dortigen Lyceum ausbilden sollten. Ich konnte erst in Unterquarta gesetzt werden, so sehr war ich noch zurück, aber nicht durch meine Schuld, sondern durch bloßen Mangel an Unterricht, denn ich hatte von Jugend auf eine ungeduldige, anhaltende Lernbegierde. Jetzt rückte ich schnell durch alle Klassen hinauf und war wohl fast immer ein Primus; die Samstagsmorgen, an denen durch ein Exercitium certiert wurde, waren wichtige, heiße Tage.

Überdenke ich meine Kasseler Schuljahre von 1798 bis 1802, so erkenne ich zwar dankbar, wie mancherlei ich in dieser Zeit gelernt habe, aber es kommt mir doch vor, als wenn das damalige Lyceum bei weitem nicht unter die vollkommensten Anstalten seiner Art gerechnet werden durfte. Der Vorsteher des ganzen war Professor Richter, ein gründlicher Philolog, ich glaube in Ernestis Schule gebildet, und er wußte auch durch seinen herzlichen Unterricht alle Schüler zu gewinnen; aber die Last eines hohen Alters hatte ihn zu meiner Zeit bereits allzu-

Jakob Grimm
Zeichnung von Ludwig Emil Grimm

sehr geschwächt. Der Konrektor Hosbach war ein hypochondrischer Mann, voll Laune, ungleich und man sah ihm an, daß ihm das Lehren keine Freude machte. Der vierte Lehrer, Collaborator Robert, hatte sich durch seine ungeschickte Methode traditionsmäßig um die Achtung der Schüler gebracht, seine Stunden vergingen in Unordnung, ohne rechte Frucht. Bei dem damaligen dritten Lehrer, dem noch jetzt als Professor und Rektor an derselben Schule stehenden Collaborator Cäsar ging es zwar ordentlich her, und es wurde gelernt, aber hingezogen fühlte ich mich doch nie zu seinem Unterricht (wie zu dem des seel. Richter), welches vielleicht mit davon herrührte, daß er mich nach alter Sitte *er* anredete, während alle meine Schulkameraden aus der Stadt ein *Sie* bekamen, vermutlich weil ich vom Lande her in die Stadtschule aufgenommen worden war. Solche Ungleichheit, die auch seitdem gewiß lange abgestellt worden ist, sollte sich ein Lehrer nie erlauben, weil sie von allen Schülern lebhaft wahrgenommen wird. Aber auch der Unterricht selbst, wie er damals auf dieser gutfundierten Schule im Ganzen erteilt wurde, ist mir hernach in mancher Beziehung mangelhaft vorgekommen. Es wurde viel Zeit mit Stunden über Geographie, Naturgeschichte, Anthropologie, Moral, Physik, Logik und Philosophie (was man Ontologie nannte) meist nach Ernesti[6]) initia doctr. sol. vertan, und dem philologischen und historischen Unterricht, welche die Seele aller Jugenderziehung auf den Gymnasien sein müssen, abgebrochen. Unter den Mitschülern, die auf derselben Bank oder an denselben Tischen saßen und mit denen ich vertrauter umging, will ich den verstorbenen Ernst Otto von der Malsburg[7]) und Paul Wigand nennen, die sich beide in der Folge, wiewohl auf sehr verschiedene Weise, als Schriftsteller ausgezeichnet haben. Neben täglichen sechs Stunden auf dem Lyceum brachte ich mit meinem Bruder noch wenigstens vier oder fünf Stunden täglich in Privatlehrstunden bei dem Pagenhofmeister Dietmar Stöhr zu, einem Manne, der, was ihm an tieferer Kenntnis abging, durch Freude am Unterricht, liebreiche Geduld und wahre Teilnahme an uns hinlänglich ersetzte. Er half im Latein nach und lehrte besonders französische Sprache. Im Ganzen hatte man uns doch zuviel aufgelastet; ein Paar Freistunden hätten uns wohlgetan, wir hatten aber mit

Altes Rathaus in Kassel
Zeichnung von Ludwig Emil Grimm, 1815

wenigen Leuten Umgang und verwendeten beinahe alle Muße, die uns noch von der Schularbeit übrig blieb, auf Zeichnen, worin wir es auch ohne Lehrer ziemlich weit brachten, ja diese Fortschritte sind es, die hernach unsern jüngern Bruder Ludwig

Emil ansteckten, der sich seitdem sowohl durch radierte Blätter als durch Ölmalerei rühmlich hervorgetan hat.

Im Frühjahr 1802, ein Jahr früher als Wilhelm, der um diese Zeit lange und gefährlich kränkelte, bezog ich die Universität Marburg. Die Trennung von ihm, mit dem ich stets in einer Stube gewohnt und in einem Bett geschlafen hatte, ging mir sehr nahe; allein es galt, der geliebten Mutter, deren Vermögen fast zusammengeschmolzen war, durch eine zeitige Beendigung meiner Studien und den Erfolg einer gewünschten Anstellung einen Teil ihrer Sorge abnehmen und einen kleinen Teil der großen Liebe, die sie uns mit der standhaftesten Selbstverleugnung bewies, ersetzen zu können. Jura studierte ich hauptsächlich, weil mein seel. Vater ein Jurist gewesen war und es die Mutter so am liebsten hatte; denn was verstehen Kinder oder Jünglinge zu der Zeit, wo sie solche Entschlüsse fest und entschieden fassen, von der wahren Bedeutung eines solchen Studiums? Es liegt aber in diesem Haften bei dem Stande des Vaters an sich etwas Natürliches, Unschädliches und sogar Ratsames. In viel späteren Jahren hätte mich zu keiner andern Wissenschaft Lust angewandelt als etwa zur Botanik. Der seel. Vater selbst hatte auch gewissermaßen vorgearbeitet und mir noch vor dem zehnten Jahr allerhand Definitionen und Regeln aus dem Corpus Juris eingeprägt, er hatte auch wohl zum dereinstigen Gebrauch seiner Kinder aus seiner Praxis merkwürdige Fälle mit sauberer Hand aufgeschrieben. Zu Marburg mußte ich eingeschränkt leben; es war uns, aller Verheißungen ungeachtet, nie gelungen, die geringste Unterstützung zu erlangen, obgleich die Mutter Witwe eines Amtsmanns war und fünf Söhne für den Staat großzog; die fettesten Stipendien wurden daneben an meinen Schulkameraden von der Malsburg ausgeteilt, der zu dem vornehmen hessischen Adel gehörte und einmal der reichste Gutsbesitzer des Landes werden sollte. Doch hat es mich nie geschmerzt; vielmehr habe ich oft hernach das Glück und auch die Freiheit mäßiger Vermögensumstände empfunden. Dürftigkeit spornt zu Fleiß und Arbeit an, bewahrt vor mancher Zerstreuung und flößt einen nicht unedlen Stolz ein, den das Bewußtsein des Selbstverdienstes, gegenüber dem, was andern Stand und Reichtum gewähren, aufrechterhält. Ich möchte sogar die Behauptung allgemeiner fassen und vieles von dem, was Deutsche überhaupt geleistet haben, gerade dem beilegen, daß sie kein reiches Volk sind. Sie arbeiten von unten herauf und brechen sich viele eigentümliche Wege, während andere Völker mehr auf einer breiten, gebahnten Heerstraße wandeln. In Marburg hörte ich nacheinander bei Bering Logik und Naturrecht (ohne aus beiden wahre Frucht zu ziehen); bei Weis Institutionen, Pandekten, zuletzt auch ein lat. Examinatorium; bei Erxleben Pandekten und Canonicum; bei Robert Reichsgeschichte, Staatsrecht, Lehnrecht und die Praktika; bei Bauer deutsches Privatrecht und Criminale; unter diesen allen zog mich wohl der muntere und gelehrte Vortrag von Weiß am meisten an, bei Erxleben herrschte Eintönigkeit und eine bereits veraltende Manier. Was kann ich aber von Savignys[8]) Vorlesungen anders sagen, als daß sie mich aufs gewaltigste ergriffen und auf mein ganzes Leben und Studieren entschiedensten Einfluß erlangten? Ich hörte bei ihm Winter 1802 bis 1803 juristische Methodologie, sowie Intestaterbfolge

Die Brüder Grimm bei der Märchentante aus Niederzwehrn (Kurhessen), der wir den größten Teil der Grimmschen Märchen verdanken

Jugendliches Selbstbildnis
von Ludwig Emil Grimm, um 1808

(das im Sommer 1802 von ihm gelesene testamentarische Erbrecht wurde aus Heften anderer Studenten abgeschrieben und nachgeholt); Sommer 1803 römische Rechtsgeschichte, Winter 1803 bis 1804 Institutionen und Obligationenrecht. Im Jahr 1803 war das Buch über den Besitz erschienen, welches begierig gelesen und studiert wurde. Savigny pflegte damals in seinen Collegien den Zuhörern die Interpretation einzelner schwieriger Gesetzesstellen aufzugeben und die eingegangenen Arbeiten erst schriftlich auf dem eingereichten Bogen und dann öffentlich zu rezensieren. Einer meiner ersten Aufsätze betraf die Collation, und ich hatte die darin aufgestellte Frage vollkommen begriffen und richtig gelöst; welche unbeschreibliche Freude mir das machte und welchen neuen Eifer das meinen Studien gab, wäre zu bemerken unnötig. Das Überbringen dieser Ausarbeitungen veranlaßte nun öfters Besuche bei Savigny. In seiner damals schon reichen und auserwählten Bibliothek bekam ich dann auch andere nicht juristische Bücher zu sehen, z. B. die Bodmersche Ausgabe der deutschen Minnesinger, die ich später so oft in die Hand nehmen sollte und auf welche Tiecks Buch und dessen hinreißende Vorrede mich gespannt gemacht hatte.[9]) Im Sommer 1804 verließ Savigny die Universität, um eine literarische Reise nach Paris anzutreten.

Je älter man wird, desto leichter in Versuchung gerät man, die Zeit seiner Jugend in Vergleich mit dem später Erlebten zu erheben und für musterhafter zu halten. Aus den Jünglingsjahren sind wir uns der ersten Kraft und des reinsten Willens am sichersten bewußt, und er kommt uns da auch von andern überall entgegen. Ich möchte nun auch den damals unter den Marburger Studierenden waltenden Geist rühmen; er war im ganzen ein frischer, unbefangner; Wachlers freimütige Vorlesungen über Geschichte und Literargeschichte machten auf die Mehrzahl lebendigen Eindruck, und besonders erfreute ein Publikum, das er im großen öffentlichen Hörsaal wöchentlich las, sich eines ungeteilten Beifalls. Die Obergewalt des Staats hat seitdem merklich mehr in die Aufsicht der Schulen und Universitäten eingegriffen. Sie will sich ihrer Angestellten fast allzu ängstlich versichern und wähnt dies durch eine Menge von zwängenden Prüfungen zu erreichen. Mir scheint es, als ob man von der Strenge solcher Ansicht in Zukunft wieder nachlassen werde. Zu geschweigen, daß sie der Freiheit des sich aufschwingenden Menschen die Flügel stutzt und einem gewissen für die übrige Zeit des Lebens wohltätigen, harmlosen Sichgehenlassenkönnen, das hernach doch nicht wiederkehrt, Schranken setzt; so ist es ausgemacht, daß, wenn auch das gewöhnliche Talent meßbar sein mag, das ungewöhnliche nur schwer gemessen werden kann, das Genie vollends gar nicht. Es entspringt also aus den vielen Studiervorschriften, wenn sie durchzusetzen sind, einförmige Regelmäßigkeit, mit welcher der Staat in schwierigen Hauptfällen doch nicht beraten ist. Wahr ist es, das

Kinder- und Hausmärchen, 2. Aufgabe, 2. Teil,
mit einem Bilde der Viehmännin.
Radierung von Ludwig Emil Grimm

ganz Schlechte wird dadurch aus Schule und Universität abgewehrt, aber vielleicht wird auch das ganz Gute und Ausgezeichnete dadurch gehemmt und zurückgehalten. Im Durchschnitt betreten jetzt die Schüler die Akademie mit gründlicheren Kenntnissen als vormals; aber im Durchschnitt geht dennoch daraus eine gewisse Mittelmäßigkeit der Studien hervor. Es ist alles zu viel vorausgesehn und vorausgeordnet, auch im Kopf der Studierenden. Die Arbeit des Semesters nimmt unbewußt ihre Richtung nach dem Examen; der Student muß alle Collegia hören, worüber er Zeugnisse beizubringen hat, ohne das würde er manche nicht gehört haben, entweder weil ihn der sie vortragende Professor nicht anzieht, oder weil ihn seine Neigung anderswohin lenkt. Dagegen bleibt ihm beinahe keine Zeit übrig, diejenigen zu hören, die ihm nicht vorgeschrieben sind. Der Staat hat dadurch gewisse Vorlesungen gleichsam zu offiziellen gestempelt und die übrigen, die nebenbei gehört werden können, herabgesetzt. Ganz etwas anders ist, wenn der Student bloß auf seine Hand und nach seiner Tradition einen ähnlichen Unterschied zwischen Brotcollegien und den übrigen aufstellte, denn davon konnte sich jeder soviel Dispensationen und Ausnahmen machen, als er Lust hatte. Möge es nur den Professoren selbst niemals vorgeschrieben werden, was und wie sie lesen sollen!

Januar 1805 traf durch Weis ein unerwartetes Anerbieten ein. Savigny schlug mir vor, ungesäumt nach Paris zu kommen und ihm dort bei seinen literarischen Arbeiten zu helfen. Wiewohl ich in meinem letzten halben Jahr studierte und gedachte auf Ostern oder im Sommer abzugehen, so war doch die Aussicht einer näheren Verbindung mit Savigny selbst und die Reise nach Frankreich reizend genug, daß ich mich gleich entschied und nichts eilenderes zu tun hatte, als Briefe an Mutter und Tante abzusenden, die mir ihre Einwilligung erbitten sollten. Wenige Wochen darauf saß ich schon im Postwagen und traf über Mainz, Metz und Chalons Anfangs Februar glücklich zu Paris ein. Die liebe Mutter war jede Nacht aus dem Bett aufgestanden, um nach dem kalten Wetter zu schauen, was mir später einmal die Schwester erzählte; Frankreich schien ihr ganz aus dem Bereich, und sie hatte nur mit heimlicher Angst ihren Willen zu der Reise gegeben. Ich befand mich aber vortrefflich aufgehoben und verlebte das Frühjahr und den Sommer auf die angenehmste und lehrreichste Weise. Was ich von Savigny empfing, überwog bei weitem die Dienste, die ich ihm leisten konnte, durch eine öffentliche Anerkennung derselben in der Vorrede zum ersten Bande der Geschichte des römischen Rechts hat er mir viele Jahre nachher die größte Freude zubereitet. Auch ist ein ununterbrochen fortgesetzter Briefwechsel die Folge unserer näheren Bekanntschaft gewesen. September 1805 wurde die Heimreise angetreten und Ende des Monats traf ich mit Wilhelm, den ich zu Marburg mitgenommen hatte, gesund und vergnügt bei der Mutter in Kassel ein, die unterdessen, damit sie ihr Alter in ihrer Kinder Mitte ruhig verleben könnte, aus Steinau nach Kassel gezogen war.

Um meine Anstellung wurde sich nun gleich noch denselben Winter beworben. Ich wünschte Assessor oder Sekretär bei der Regierung zu werden, aber alles war versperrt, und mit genauer Not erlangte ich endlich den Access beim Sekretariat des Kriegs-Collegiums und 100 Rth. Gehalt (ungefähr Januar 1806). Die viele und geistlose Arbeit wollte mir wenig schmekken, wenn ich sie mit der verglich, die ich ein Vierteljahr vorher zu Paris verrichtete, und gegen die neumodische Pariser Kleidung mußte ich in steifer Uniform mit Puder und Zopf stecken. Dennoch war ich zufrieden und suchte alle meine Muße dem Studium der Literatur und Dichtkunst des Mittelalters zuzuwenden, wozu die Neigung auch in Paris durch Benutzung und Ansicht einiger Handschriften, sowie durch den Ankauf seltener Bücher angefacht worden war.

Die Märchenerzählerin
Radierung von Ludwig Emil Grimm
zu den Kinder- und Hausmärchen, 1810

Auf diese Weise verstrich nicht völlig ein Jahr, als ungeahnte Stürme über unser Vaterland hereinbrachen, die auch mich betreffen und aus dem kaum betretenen Wirkungskreise stoßen sollten. Gleich nach der feindlichen Okkupation[10]) verwandelte sich das Departement des Kriegs-Collegiums, wobei ich den Dienst zu versehen hatte, in eine fürs ganze Land errichtete Truppenverpflegungskommission. Mit der französischen Sprache konnte ich mir besser als die übrigen helfen, und ein großer Teil der lästigsten Geschäfte fiel auf meine Schultern, sodaß ich ein halbes Jahr lang weder Tag noch Abend Ruhe hatte. Müde, mich mit den französischen Commissaires und Verwaltungsbeamten, die uns damals überschwemmten, länger zu befassen und fest entschlossen, bei der neu bevorstehenden Organisation um keinen Preis in diesem Fach angestellt zu bleiben, nahm ich, sobald es anging, meine Entlassung, fand mich nun aber eine Zeitlang wieder außer Diensten und unfähiger als vorher, zur Erleichterung der Mutter und der Geschwister beizutragen. Ich glaubte, mich um einen Posten bei der öffentlichen Bibliothek in Kassel bewerben zu können, da ich mich teils in das Lesen von Handschriften eingeübt, teils durch Privatstudien mit der Geschichte der Literatur vertrauter gemacht hatte, auch wohl fühlte, daß ich in diesem Fache größere Fortschritte tun würde, während mir die Erlernung des französischen Rechts, in das sich unsere Jurisprudenz zu verwandeln drohte, ganz verhaßt war. Allein die gewünschte Stelle wurde einem anderen zuteil, und nachdem das kummervolle Jahr 1807 vergangen und das neue mit stets getäuschten Aussichten begonnen war, hatte ich bald den tiefsten Schmerz zu empfinden, der mich in meinem ganzen Leben betroffen hat. Den 27. Mai 1808 starb, erst 52 Jahre alt, die beste Mutter, an der wir alle mit warmer Liebe hingen, und nicht einmal mit dem Trost, eins ihrer sechs Kinder, die traurig ihr Sterbebett umstanden, versorgt zu wissen. Hätte sie nur noch wenige Monate gelebt, wie innig würde sie sich meiner verbesserten Lage erfreut haben!

Ich war durch Johannes von Müllers[11]) Empfehlung dem damaligen Kabinettssekretär des Königs Cousin de Marinville bekannt und als tauglich zur Verwaltung der Privatbibliothek, die in Wilhelmshöhe aufgestellt war, vorgeschlagen worden. Es muß an anderen begünstigten Mitbewerbern gefehlt haben,

Aus den Skizzenbuch
von Ludwig Emil Grimm

sonst wäre mir schwerlich eine solche Stelle, wie es den 5. Juli 1808 wirklich geschah, zuteil geworden. Meine Fähigkeit dazu war von niemand geprüft. Die ganze Instruktion des königlichen Kabinettsekretärs bestand in den Worten: »Vous ferez mettre en grands caractères sur la porte: Bibliothèque particulière du Roi.« Ich hatte nun alsbald 2000 Franken Gehalt, das sich nach einigen Monaten, vermutlich weil man mit mir zufrieden war, auf 3000 erhöhte. Nachdem wieder einige Zeit verflossen war, kündigte mir eines Morgens der König[12]) selbst an, daß er mich zum Auditeur an Conseil d'Etat ernannt habe, doch solle ich die Bibliotheksstelle daneben und hauptsächlich bekleiden (17. Februar 1809). Das Amt eines Auditors beim Staatsrat galt damals für ein besonderes Glück und führte leicht zu höheren Stufen. Da es überdem meine Besoldung um 1000 Franken mehrte, so genoß ich nun ein Gehalt von über 1000 Rth., der ich ein Jahr zuvor keinen Pfennig bezogen hatte und alle Nahrungssorgen verschwanden.

Dabei war mein Amt als Bibliothekar keineswegs lästig, ich hatte mich bloß einige Stunden in der Bibliothek oder im Kabinett aufzuhalten, konnte auch während diesen nach Besorgung des neu einzutragenden ruhig für mich lesen oder exzerpieren. Bücher oder Nachsuchungen in Büchern wurden vom König nur selten verlangt, an andere wurde aber gar nichts ausgeliehen. Die ganze übrige Zeit war mein, ich wandte sie fast unverkümmert auf das Studium der altdeutschen Poesie und Sprache. Denn der Staatsrat machte mir, außer daß ich in gestickter Prachtuniform den Sitzungen beiwohnen mußte, wenig zu schaffen, und bald merkte ich, daß, wenigstens wenn der König nicht persönlich den Vorsitz hatte, ich auch in den Sitzungen nicht immer zu erscheinen nötig hatte. Von allen Gesellschaften wußte ich mich auszuschließen und lebte, wenn man hinzurechnet, daß der König oft monatelang abwesend war, dann das ungestörteste Leben. Vom König kann ich nicht übel reden; er benahm sich gegen mich immer freundlich und anständig, er schien besonders in den letzten Jahren zu mir, als dem einzigen Deutschen im Kabinett, weniger Zutrauen zu haben als zu den übrigen Angestellten, die sämtlich Franzosen waren; und ich finde das natürlich. Vielleicht wäre ich doch von der Stelle entfernt worden, wenn mich nicht der Kabinettsekretär Bruguiere (nachmals Baron von Sorsum), der bald jenem Cousin de Marinville nachfolgte, gehalten hätte. Dieser war ein gebildeter Mann, selbst Schriftsteller und in der englischen Literatur, auch in der orientalischen, soweit man es aus Übersetzungen sein kann, gut belesen; gegen mich bewies er sich besonders freundschaftlich, und ich habe ihn später zu Paris wieder gesehen. Er ist vor vier oder fünf Jahren verstorben.

Widriges kam aber doch auch dazwischen. Eines Morgens sollte der Saal im Wilhelmshöher (damals einfältig genug Napoleonshöher) Schloß, der die Bibliothek enthielt, schnell zu andern Zwecken umgeschaffen werden. Auf das Unterbringen der Bücher anderswo war nicht der mindeste Bedacht genommen. Auf der Stelle mußte ich in anderthalb Tagen alle Schränke räumen, alle Bücher übereinander werfen und, so gut oder übel das gehen wollte, in einen großen, beinahe dunklen Bodenraum schleppen lassen. Da lag nun das, wofür mein Amt geschaffen worden war, in leidigster Unordnung. Bald darauf wurden jedoch einige tausend Bände, die man für die nützlichsten hielt, ausgesucht, um im Kasseler Schloß zu den andern, die sich schon früher dort befanden, aufgestellt zu werden. Dort stand ihnen aber eine neue noch größere Gefahr bevor. Im November 18..[13]) geriet um Mitternacht das Schloß in Brand; als ich hineilte, standen gerade die Gemächer unter dem Bibliothekszimmer in voller Flamme. In Rauch und Qualm wurden alle Bücher von Leibgardisten, die Lichter trugen, aus den Fächern genommen, in große Leinentücher gepackt und auf den Schloßplatz geschüttet. Neben und unter uns knisterte alles. Im Heruntergehen verirrte ich mich auf einer der kleinen Wendeltreppen und mußte ein paar Minuten nach dem rechten Ausgang im Dunkeln umhertappen. Die wenigsten Bücher, was zu verwundern ist, gingen verloren, ehe aber neue Schränke bestellt und gemacht worden und ein neuer Ort für sie ausgewählt war, lag alles auf einem Haufen. Das waren nicht meine angenehmsten Tage.

1813, als der Krieg dem Königreich drohend näherrückte, wurde Befehl erteilt, die kostbarsten Bücher zu Kassel und Wilhelmshöhe einzupacken, um sie nach Frankreich zu versenden. Ich fuhr mit Bruguiere nach Wilhelmshöhe, der besonders auf die Kupferstichwerke drang, und suchte wenigstens die Sammlung von Handschriften, die sich auf hessische Kriegsgeschichte bezogen und vom 30-jährigen Krieg an begann (es war Eigenhändiges von Gustav Adolf, von Amalie Elisabeth u. s. w. darunter) als unwichtig darzustellen. Auch blieben sie

Kinder- und Hausmärchen.
Frontispiz der illustrierten Ausgabe,
Holzschnitt von Ludwig Richter

uneingepackt. Die eingepackten aber bekam ich erst 1814 zu Paris wieder zu sehen, als sie mir derselbe Huissier (er hieß Leloup), der sie hatte packen helfen, dort für den Kurfürsten wieder ausliefern mußte. Der Mann machte große Augen, als er mich erblickte.

Die endliche kaum gehoffte Rückkehr[14]) des alten Kurfürsten gegen Ende des Jahrs 1813 war ein unbeschreiblicher Jubel, und für mich war die Freude nicht kleiner, auch die geliebte Tante, die ich nur einmal in Gotha besucht hatte, im Gefolge der Kurfürstin wieder einziehen zu sehen. Wir liefen an dem offnen Wagen durch die Straßen hin, die mit Blumengewinden behangen waren. In jenen Monaten war alles in aufgeregtester Bewegung. Ich stand doch noch gut angeschrieben und kam in Vorschlag, als Legationssekretär den hessischen Gesandten zu begleiten, der ins große Hauptquartier der verbündeten Heere abgeschickt werden sollte. Meine Ernennung ist vom 23. Dezember 1813. Zwei meiner Brüder machten den Feldzug in der Landwehr mit, sie waren aus München und Hamburg, wo sie gelebt hatten, dazu ins Vaterland herbeigeeilt. Der gewählte Gesandte hieß Graf Keller, von Geburt kein Hesse, ein schon bejahrter und gutherziger, zuweilen eigensinniger, auffahrender Mann, dem der recht hessische Trieb fehlte, aber wer hätte in jener großartigen Zeit nicht jeden Anstoß übersehen? Ich reiste um Neujahr 1814 von Kassel ab über Frankfurt, Darmstadt, Karlsruhe, Freiburg, Basel, Mümpelgart, Vesoul, Langres, Chaumont, Troyes. Von da ging es wieder, zum Teil in eilender Flucht, rückwärts bis Dijon; dann nach vierzehntägiger Rast neuerdings vorwärts über Châtillon, Troyes, Nogent in das frisch eingenommene Paris (April 1814). Vor zehn Jahren kein Gedanke, sobald und auf diesem Wege nochmals dahin zu kommen. Unterwegs hatte ich nicht versäumt, alle Bibliotheken zu besuchen, und jeder freie Augenblick in Paris wurde genutzt, um in den Handschriften zu arbeiten. Mittlerweile war auch mein nachheriger Kollege Völkel[15]) zu Paris eingetroffen, um die aus Hessen weggeschleppten Antiken und Gemälde zurückzufordern; ich half, die entführten Bücher wiederzuerlangen, wie ich schon erwähnt habe. Im Sommer trat ich die Rückreise nach Kassel an und rüstete mich bald von neuem zu der Fahrt nach dem Wiener Kongreß.

In Wien brachte ich zu von Oktober 1814 bis Juni 1815, eine Zeit, die auch für meine Privatarbeiten nicht nutzlos verstrich und mir Bekanntschaft mehrerer gelehrter Männer verschaffte. Von besondern Vorteil für meine Studien war, daß ich mich damals auch mit der slawischen Sprache anfing bekanntzumachen. Aus Kassel empfing ich aber die Trauerbotschaft von dem Tod der lieben Tante Zimmer (15. April 1815), der einzigen älteren Verwandtin, die uns übriggeblieben war, und der ich so viel zu danken habe. Kaum war ich zu den Geschwistern heimgekehrt, als mich, und diesmal eine Requisition der preussischen Behörde in das zum zweitenmal eroberte Paris rief, ich sollte die aus einigen Gegenden Preussens geraubten Handschriften ermitteln und zurückverlangen, nebenbei auch einige Geschäfte des Kurfürsten besorgen, der in dem Augenblick keinen Bevollmächtigten dort hatte. Zwar jener Auftrag brachte mich in ein unangenehmes Verhältnis zu den Pariser Bibliothekaren, die mich früher sehr gefällig behandelt hatten. Jetzt aber wurde einmal Langlès, den ich besonders drängte, so bitter, daß er mir nicht mehr gestatten wollte, in der Bibliothek zu arbeiten, was ich in Nebenstunden immer zu tun fortfuhr. »Nous de devons plus souffrir ce Mr. Grimm, qui vient tous les jours travailler ici et qui nous enlève pourtant nos manuscrits«, sagte er öffentlich. Ich machte die Handschrift, die ich eben auszog, zu, gab sie zurück und ging nicht mehr hin, um zu arbeiten, sondern nur um zu beendigen, was mir aufgetragen worden war. Zu Paris, wo ich diesmal ordentlich (bei einem Advokaten in der rue de l'université) einquartiert war und ein tägliches Kostgeld von der Stadt bezog, erfreute ich mich besonders des näheren Umgangs mit dem preussischen geheimen Kammergerichtsrat Eichhorn[16]), der gerade eine schwere Krankheit auszustehen hatte. Erst im Dezember gingen meine Geschäfte glücklich zu Ende, und ich empfing später zu Kassel ein Schreiben des Fürsten von Hardenberg (31. August 1816), das mir Zufriedenheit mit meiner Verrichtung bezeugte.

Von jetzt an beginnt die ruhigste, arbeitsamste und vielleicht auch die fruchtbarste Zeit meines Lebens. Nach Strieders erfolgtem Tode hatte ich endlich den früher gewünschten Platz bei der Kasseler Bibliothek erlangt, an der auch nun Wilhelm ein Jahr lang früher arbeitete. Eine Anstellung bei dem Bundestag zu Frankfurt als Gesandtschaftsekretär hatte ich entschieden abgelehnt. Ich wurde also zweiter Bibliothekar (16. April 1816) und behielt das bisherige Gehalt von 600 Rth., Völkel war zum ersten Bibliothekar befördert worden. Die Bibliothek ist jeden Tag drei Stunden geöffnet, alle übrige Zeit konnte ich nach Lust studieren und wurde nur durch kleine Nebenämter, wie das mir größtenteils aufgebürdete zensorische, aber nicht bedeutend gestört. Mit meinem Kollegen Völkel lebte ich auf freundschaftlichem Fuß, nichts hätte gefehlt, als eine mäßige und gerechte Gehaltszulage für mich und meinen Bruder, und es würden uns in dieser Hinsicht wenig Wünsche übrig geblieben sein. Schnell verflossen die Jahre.

Nach dem Tode des höchstseel. Kurfürsten[17]) traten in Verwaltung der Bibliothek Veränderungen ein. Während vorher die Bibliothekare den ausgeworfenen Fonds jährlich bar empfangen und darüber der Finanzkammer Rechnung abgelegt hatten, wurde nunmehr die Bibliothek unter den Befehl des Oberhofmarschallamts gestellt, von diesem sollte in Zukunft jede zu leistende Zahlung verfügt und bewirkt werden. Ob dadurch der herrschaftliche Dienst gewonnen hat, will ich nicht beurteilen; soviel ist sicher, daß dadurch alle Zahlungen aufgehalten und daß dem Bibliothekar die Hände gebunden wurden, vorteilhafte Ankäufe gleich zu benutzen, wenn er nicht das Geld aus seiner eigenen Tasche vorschießen wollte. Jene Behörde forderte aber hernach außerdem, daß zum Behuf einer notwendigen Kontrolle ihr eine Abschrift des gesamten Katalogs (der aus 79 oder 80 Folianten bestand) binnen kurzer Zeit eingereicht würde. Gegenvorstellungen fruchteten nichts, und wir mußten, der alte Völkel, mein Bruder und ich, wirklich Hand anlegen und ungefähr anderthalb Jahre die edelsten Stunden auf diese Abschrift, deren Zweck wir nicht einsahen, verwenden. Man arbeitet noch alles gern, was irgend einen Nutzen hat, aber dies Geschäft, gestehe ich, ist mir das sauerste in meinem Leben geworden und hat mich Stunden und Tage lang verstimmt. Nützlich für die Bibliothek wurde die von dem jetzt regierenden Kurfürsten befohlene Abgabe eines Teils der Wilhelmshöher an die unsrige (etwa 2000 Bände); manche alte Bekannte gingen mir von neuem durch die Hand. Im Januar 1829 starb Völkel, dem ich ein längeres Leben zugetraut und

Die guten und die bösen Kinder
Radierung zu dem Märchen gleichen Titels von L. E. Grimm

sicher von Herzen gegönnt hätte. Wir bildeten uns ein, gerechten Anspruch auf Beförderung zu haben, ich war 23 Jahr im Dienst, ich hatte seit 1816 niemals um Zulage angehalten und niemals eine erlangt; auch hoffte ich, der Bibliothekarstelle keine Unehre gemacht zu haben. Allein es schlug anders aus. Der, soviel ich mich erinnere, im Jahr 1819 oder 1820 von Marburg nach Kassel als Historiograph versetzte Professor Rommel[18]) erhielt zu jener Zeit daneben die Aufsicht über die Urkunden des Hofarchivs unter dem Titel eines Staatsarchivdi-

rektors. Vor der französischen Okkupation hatte sich das Hofarchiv in einer gewölbten Kammer des alten Schloßes befunden, war also seit 1814 notwendig in einem anderen Lokal untergebracht worden, wo es verblieb, bis 1824 oder 1825 in einem Zimmer des Museums die Wachsbilder der alten Landgrafen weggeräumt wurden; das Zimmer wurde hernach zur Aufnahme des Archivs auserlesen. Diese lockere Verbindung zwischen Museum und Archiv sollte sich nunmehr zu einer festen stärken. Herr von Rommel (seit 1828 in den Adel des

Kurfürstentums erhoben) wurde mit Beibehaltung seiner bisherigen Posten auch zum Direktor der Bibliothek und des Museums bestellt. Ich blieb, was ich seit 1816 war, zweiter Bibliothekar, mein Bruder, was er seit 1815 war, Sekretär; jeder von uns empfing 100 Rth. Zulage. Hiermit war uns beiden weitere Aussicht auf künftige Beförderung abgeschnitten. Die Sache hätte, auch wenn von Rommels Ansprüche berücksichtigt werden sollten, auf mehr denn eine Art anders eingerichtet werden können. Zum Beispiel er hätte die Direktion des Museums erhalten mögen, wenn ich den Posten eines Archivarius mit angemessenem Gehalt bekommen hätte und mein Bruder zum Bibliothekar ernannt worden wäre. Einem Archiv vorzustehen und ein so reiches und wenig benutztes wie das hessische nach Lust bearbeiten zu können, hätte meiner inneren Neigung noch mehr zugesagt als die Bibliotheksstelle. Der alte, simple Archivariustitel hätte mir auf Lebenslang genügt und keiner Direktion so wenig wie früherhin es bedurft. Indessen bin ich nie von jemand gefragt worden und hütete mich wohl, Vorschläge verlauten zu lassen. Ich hatte mich ganz einfach um die erste Bibliotheksstelle gemeldet, als um das Gerechteste und was sich beinahe von selbst verstand. Die getroffene neue, alle bescheidenen Wünsche vernichtende Einrichtung mußte mich tief kränken. Ich hatte einen im Jahr 1816 durch Eichhorn indirekt mir geschehenen Antrag einer Professur zu Bonn geradezu abgelehnt und keiner Art Vorteil daraus zu ziehen gesucht, weil ich in Hessen zu leben und zu sterben dachte. Damals aber wäre es mir gewiß leichter und vorteilhafter gewesen, mich der akademischen Laufbahn zu widmen als später. Unter der Hand geschah uns nun im Sommer 1829 der Antrag, einem ehrenvollen Rufe nach Göttingen zu folgen. Alle zu Rat gezogenen Freunde ermahnten dazu aus Kräften. Die geliebte und gewohnte Heimat aufzugeben schien uns hart und schmerzhaft wie vorher, aus dem Geleise genau bekannter Beschäftigungen und einer uns Frucht bringenden Muße herauszutreten fast unerträglich. Allein auch in dem Verhältnis zu einem neuen Vorgesetzten, der, wo er eingreifen oder schonen sollte, selbst noch nicht zu wissen schien, lag etwas Peinliches und Unheimliches. In dieser Stimmung folgten wir dem Gefühl der Ehre und entschieden uns für die unbedingte Annahme des

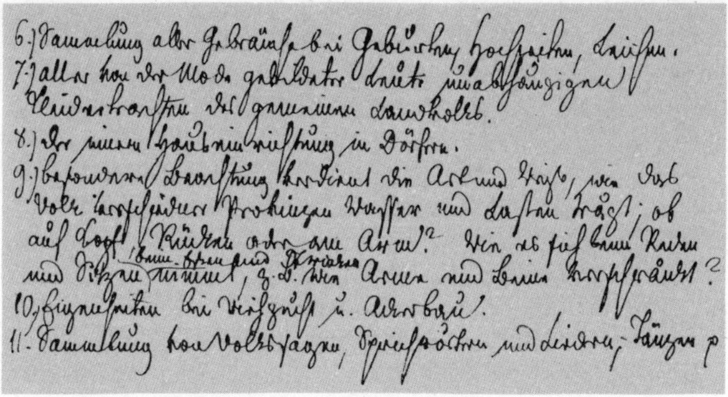
6.) Sammlung alter Gebräuche bei Geburten, Hochzeiten, Leichen.
7.) aller von der Mode gebildeter Leute unabhängigen Kleidertrachten des gemeinen Landvolks.
8.) der innern Hauseinrichtung in Dörfern.
9.) besondern Beachtung verdient die Art und Weise, wie das Volk verschiedener Provinzen Wasser und Lasten trägt; ob auf Kopf, Rücken oder am Arm? wie es sich beim Reiten und Sitzen (beim Stehen und Schreiten) nimmt, z.B. wie Arme und Beine verschränkt?
10.) Eigenheiten bei Viehzucht u. Ackerbau.
11. Sammlung von Volkssagen, Sprichwörtern und Liedern, Tänzen p

Aus einem Brief Jakobs an den Freiherrn von Harthausen, einem Mitarbeiter an der Märchensammlung

Gebotenen. Unterm 20. Oktober erfolgte zu Hannover die förmliche königliche Vokation, die mich zum ordentlichen Professor und Bibliothekar, meinen Bruder zum Unterbibliothekar ernannte, mit angemessenen Besoldungen, die unsrer steten Nahrungssorge im hessischen Dienst ein Ende machten. Schon unterm 30. Oktober wurde zu Kassel unsere Entlassung ausgefertigt. Neujahr 1830 haben wir die hiesigen Stellen angetreten. Wir sind von allen Kollegen zu Göttingen freundschaftlich aufgenommen worden, mein erstes Collegium lese ich diesen Sommer über deutsche Rechtsaltertümer. Zwar sind die Bibliotheksarbeiten weit mühsamer als zu Kassel, aber sie bieten doch auch ihre Vorteile dar, die ich mit der Zeit noch viel deutlicher gewahren werde. Zwar ist die Göttinger Gegend nicht zu vergleichen mit der Kasseler, aber die nämlichen Sterne stehen am Himmel und Gott wird uns weiter helfen.

Noch habe ich hier dankbar der mir zu Teil gewordenen Ehrenbezeugungen zu erwähnen, die mich vielfach ermunterten, auf der betretenen Bahn vorzuschreiten und mich des erhaltenen Beifalls würdiger zu machen. Unterm 9. Juni 1811 ernannte mich die Academie celtique (gegenwärtige société des Antiquaires de France) in Paris zu ihrem korrespondierenden Mitglied; den 26. April 1813 das Museum in Frankfurt zu einem

Ehrenmitglied; den 3. November 1813 die Maatschappy der Nederlandsche Letterkunde te Leiden zu ihrem Mitglied; den 1. September 1816 die zweite Klasse des königlichen Instituts in Amsterdam zu einem membre associé; den 6. November 1816 det skandinaviske Literaturselskab in Kopenhagen zu seinem korrespondierenden Mitglied, in demselben Jahr auch die Berlinische Gesellschaft für deutsche Sprache zu einem Mitglied; den 9. Oktober 1818 die Frankfurter Gesellschaft für deutsche Sprache desgleichen; den 18. Dezember 1818 die Gesellschaft für deutsche Geschichtskunde zu einem außerordentlichen korrespondierenden und Ehrenmitglied, im Jahr 1822 die Utrechter Societät zum Mitglied, 27. Oktober 1823 das Islenzka Bokmenta felag in Kopenhagen zu einem Ehrenmitglied, 28. Dezember 1824, die königliche Societät in Göttingen zum Korrespondenten (seit dem 11. April 1830 bin ich nun aber ordentliches Mitglied); 13. Januar 1825 die königliche deutsche Gesellschaft in Königsberg zu ihrem Ehrenmitglied, 28. April 1825 das Norraena Fornfraeda felag zu seinem ordentlichen Mitglied; Juni 1826 die königlich preußische Akademie zu Berlin zum Korrespondenten; 7. August 1827 der Verein für Geschichte und Altertümer Westfalens zum korrespondierenden Mitglied; 26. Januar 1829 der Breslauer Kunstverein zum Ehrenmitglied, 19. April 1829 das Provincial Friesch Genootschap ter beoefening der Friesche Geschied, Oudheid en Taalkunde in Leeuwarden zum Ehrenmitglied.

Das Doktordiplom der Philosophie wurde mir Januar 1819 von Marburg erteilt, das beider Rechte von Berlin 18. Oktober 1828 und von Breslau 16. April 1829.

Ehe ich aufzähle, was von mir im Druck erschienen ist, bemerke ich im voraus, daß fast alle meine Bestrebungen der Erforschung unserer älteren Sprache, Dichtkunst und Rechtsverfassung entweder unmittelbar gewidmet sind oder sich doch mittelbar darauf beziehen. Mögen diese Studien überhaupt manchem unergiebig geschienen haben und noch scheinen; mir sind sie jederzeit vorgekommen als eine würdige, ernste Aufgabe, die sich bestimmt und fest auf unser gemeinsames Vaterland bezieht und die Liebe zu ihm nährt. Das Schwierige bestand hauptsächlich darin, daß die meisten Quellen noch gar nicht herausgegeben waren oder unkritisch, daß man sich

Jakob Grimm
Originalaufnahme von Franz Hanfstaengl

mühsam und mit Kostenaufwand der Handschriften versichern mußte und eigenhändige Abschriften nicht scheuen durfte. Die auf solche Abschriften verwandte Zeit ist aber keine verlorene, sondern eben sie führen auf genaues Verständnis und heben das Unsichere oder Bedenkliche hervor. Ein anderer Grundsatz, der mir stets vorschwebte, war, in diesen Untersuchungen nichts geringzuschätzen, vielmehr das Kleine zur Erläuterung des Großen, die Volkstradition zur Erläuterung der geschriebenen Denkmäler zu brauchen. Die in dem folgenden Verzeichnisse besternten Bücher habe ich mit meinem Bruder Wilhelm gemeinschaftlich ausgearbeitet und herausgegeben, von Jugend auf lebten wir in brüderlicher Gütergemeinschaft, Geld, Bücher und angelegte Collectaneae gehörten uns zusammen, es waren natürlich auch viele unserer Arbeiten genau zu verbinden. Es war uns auch beiden förderlich. Eine solche Verbindung schriftstellerischer Tätigkeit ist es besonders für eine gewisse Zeit, wo sich abweichende Ansichten noch nicht deutlich ausgeprägt haben, wo das, worin einer dem andern zu weit oder nicht weit genug geht, noch nicht hinreichend entwikkelt worden ist. Späterhin kann es auch wieder vorteilhaft sein, auf die eigne Hand Bücher zu schreiben, ohne daß die fortwährende gegenseitige und nähere Teilnahme an den Arbeiten des andern dadurch gestört wird. Wenn ich meinen Bruder hier rühmen dürfte, so könnte ich es viel besser als andere.

Schriften

Über den altdeutschen Meistergesang. Göttingen 1811.
*Kinder und Hausmärchen. Berlin 1812. Zweiter Band 1815.
Zweite Aufl. Berlin Th. 1 und 2. 1819. Th. 3. 1822.
Kleine Ausg. Berl. 1825. Holländische teilweise Übersetzung unter dem Titel Sprokjesboek. Amsterdam 1820.
Englische Übersetzung u. d. Titel: German popular stories, translated from the K. u. H. M. London 1823. Vol. 2. London 1826 mit geistreich ausgeführten Kupfern von Cruikshank. Der Übersetzer ist Edward Taylor. Es sind davon seitdem mehrere Auflagen gemacht worden.

Dieses Buch hat in Deutschland das seltsame, ungünstige Geschick erlebt, daß ein Namensverwandter Albert Ludwig Grimm fast zu gleicher Zeit in Heidelberg eine wohlfeilere Sammlung Kindermärchen herausgab, wodurch viel Irrthümer in der Bestellung entstanden sind.

*Die beiden ältesten deutschen Gedichte, das Lied von Hildebrand und Hadubrand und das Weißenbrunner Gebet. Cassel 1812. 4.
*Altdeutsche Wälder. Band 1 Cassel 1813. Band 2. 3. Frankfurt 1815. 1816.
*Der arme Heinrich von Hartmann von der Aue. Berlin 1815.
*Lieder der alten Edda. Erster Band. Berlin 1815.
Irmenstraße und Irmensäule. Wien 1815.
Silva de romances viejos. Vienna 1815.
*Deutsche Sagen. Th. 1. Berlin 1816. Th. 2. 1818.
Deutsche Grammatik. Th. 1. Göttingen. 1818. Zweite Ausgabe 1822. Th. 2. Gött. 1826. Th. 3 unter Presse.
Wuk Stephanowitsch kleine serbische Grammatik verdeutscht mit einer Vorrede. Leipz. u. Berlin 1824.
Zur Recension der deutschen Grammatik. unwiderlegt herausgegeben. Cassel 1826.
*Irische Elfenmärchen. aus dem Engl. Leipz. 1826.

Das Original: Fairy Legends and traditions of the South of Ireland ist von Crofton Croker und zu London 1828 neu aufgelegt erschienen. In dieser neuen Ausgabe ist zur Vergeltung unsere vorausgeschickte Einleitung auch ins Engl. übertragen.

Deutsche Rechtsaltertümer. Gött. 1828.
Kleinere Aufsätze von mir stehen in dem neuen literarischen Anzeiger München 1806; in der Zeitung für Einsiedler, Heidelberg 1808; in Hagen und Büschings Museum für altdeutsche Literatur Berlin 1811; in der Zeitschrift für geschichtliche Rechtswissenschaft, Band 2. 3. Berlin 1815. 1816; im Hermes Band 2. 1819 ein Aufsatz gegen Jean Paul, worauf dieser antwortete in seiner Schrift über die deutschen Doppelwörter. Stuttgart 1820, im fünften Postscript. Übersetzung Serbischer Lieder von mir steht in Göthes Kunst und Altertum. Band 4. Stuttgart 1824.

Grabstein der Familie Grimm
auf dem Friedhof in Steinau
Zeichnung von Ludwig Emil Grimm, 1815

Rezensionen in verschiedenen Zeitschriften, in den Heidelberger Jahrbüchern von 1811–1817; in der Hallischen Literatur Zeitung (nur 1812 Rasks isländische Sprachlehre); in der Leipziger Literatur Zeitung von 1812 und 1813; in den Göttinger Anzeigen, seit 1819, mit und ohne Namensunterschrift; in den Wiener Jahrbüchern (die besten sind wohl die über Graffs Präpositionen Band 28, über Bertholds Predigten Band 32 und über Castigliones Ulfilas, Band 46.)

Im Jahr 1824 wurde mir der von der Königlichen deutschen Gesellschaft zu Königsberg auf eine historisch grammatische Untersuchung der deutschen Adjectiva ausgesetzte Preis zuerkannt. Diese Abhandlung ist aber mit Bewilligung der Gesellschaft noch nicht im Druck erschienen, weil ich ihr durch Benutzung der seitdem herausgegebenen und bald erwartet werdenden neuen Quellen altdeutscher Sprache eine größere Vollkommenheit zu geben strebe.

Anmerkungen

Jakob Grimm

1 Philipp Wilhelm Grimm (1751–1796) und Dorothea, geborene Zimmer (1755–1808).

2 Auf Jakob und Wilhelm folgten Karl (1787–1852), Ferdinand (1788–1844), Ludwig Emil (1790–1863), Charlotte Amalie (1793–1833); schon im ersten Lebensjahr starben die Brüder Friedrich (1791–1792) und Georg (1794–1795).

3 Friedrich Grimm (1707–1777) bekleidete seit 1730 das evangelisch-reformierte Pfarramt in Steinau.

4 Henriette Lipine Zimmer (1748–1815), drittälteste von den vier Töchtern des Kanzleirats Zimmer.

5 Caroline von Hessen (1747–1820), eine Tochter König Friedrichs V. von Dänemark.

6 Johann August Ernest (1707–1781), Lehrer Goethes, Rektor der Thomas Schule in Leipzig, dann Ordinarius in der Philosophischen Fakultät Leipzig; seine initia doctrine solidioris erlebten von 1736–1783 sieben Auflagen.

7 Der Diplomat Ernst Otto von der Malsburg (1786–1824) machte sich als Übersetzer von Calderon und Lope de Vega einen Namen. Seine eigenen Gedichte sind vergessen.

8 Friedrich Carl von Savigny (1779–1861) war seit 1800 Privatdozent, seit 1803 Außerordentlicher Professor der Rechte in Marburg. Der Professor der Rechte Philipp Friedrich Weis (1766–1808), bei dem Savigny in Marburg wohnte, war Freund und Lehrer von Savigny.

9 Johann Jacob (1698–1708) veranstaltete die erste Gesamtausgabe der Manessischen Liederhandschrift: Sammlung von Minnesingern aus dem Schwäbischen Zeitalter. 140 Dichter enthalten durch Ruetger Manessen, Zürich 1758/59. Minnelieder aus dem schwäbischen Zeitalter, neu bearbeitet und herausgegeben 1803 von Ludwig Tieck (1773–1853).

10 Kassel wurde in den letzten Oktobertagen 1806 besetzt. Nach den Siegen von Jena und Auerstett war die dem Kurfürsten von Napoleon zugesicherte Neutralität hinfällig geworden. Wilhelm I. floh nach Dänemark und lebte dann in Prag; die Kurfürstin begab sich nach Gotha, wohin sie Grimms Tante Zimmer begleitete.

11 Johannes von Müller (1753–1809), der Autor der »Geschichte schweizerischer Eidgenossenschaft«, Leipzig 1787–1808, war schon Professor am Carolinum gewesen, als ihn das Amt des Generaldirektors des Erziehungswesens des Königreichs Westfalen erneut nach Kassel führte.

Abendgesellschaft im Kasseler Haus der Brüder Grimm
Zeichnung von Ludwig Emil Grimm, 1829

12 Jerome Bonaparte (1784–1860), jüngster Bruder Napoleons und von 1807–1813 König von Westfalen.

13 Das Kasseler Schloß brannte am 24. 11. 1811 völlig nieder.

14 Der Kurfürst kehrte am 21. 11. 1813 zurück.

15 Ludwig Völkel (1762–1829), für kurze Zeit Außerordentlicher Professor in Marburg, widmete sich von 1789 an der Kunst- und Altertumssammlung des Museum Fridericianum.

16 Johann Albrecht Eichhorn von 1840–1848 preußischer Kultusminister, hatte auf Savignys Anregung hin Grimms Namen auf die Liste der Handschriftenexperten für die französischen Bibliotheken gesetzt.

17 Wilhelm I. starb am 27. 2. 1821. Sein Nachfolger war Wilhelm II. (1777–1847).

18 Dietrich Christoph Rommel (1781–1859) übernahm 1815 eine Ordentliche Professur für Geschichte in Marburg und wurde 1820 zum Direktor des Hofarchivs in Kassel ernannt. Auf sein Betreiben hin wurde an Jakob und Wilhelm Grimm von der Philosophischen Fakultät Marburg am 13. Januar 1819 die Würde eines Doktors der Philosophie verliehen.

Ludwig Emil Grimm im Kreise der Familie.
Links: der Künstler zeichnend,
rechts: seine Frau Marie mit ihren Töchtern.
Im Lehnstuhl die Mutter der Grimms

Wilhelm Karl Grimm

Ich bin zu Hanau geboren, am 24. Februar 1786. Obgleich ich erst fünf Jahre alt war, als die Eltern diese Stadt verließen, sind mir doch noch Erinnerungen aus jener Zeit geblieben. Dreißig Jahre später ging ich an dem Hause vorüber, wo wir gewohnt hatten, und die offene Türe reizte mich, in den Flur einzutreten; ich erinnerte mich gar wohl der inneren Einrichtung und sah über die Mauer des anstoßenden Gartens noch den Pfirsichbaum, dessen rote Blüte mich als Kind ergötzt hatte. Im Jahr 1790 hatte der Landgraf von Hessen zum Schutz der Kaiserwahl bei der Frankfurt nahe liegenden Stadt Bergen ein beträchtliches Corps zusammengezogen; um die große Revue an einem festlichen Tage mit anzusehen, waren die Eltern in das Lager hinausgefahren, und ich besinne mich deutlich, wie ich, zum Kutschenfenster herausschauend, die Regimenter mit den im Sonnenschein blitzenden Gewehren vorübermarschieren sah und der Donner der Kanonen jedesmal den Wagen erschütterte. Nicht minder lebhaft steht mir noch in Gedanken, wie wir beide, Jakob und ich, Hand in Hand über den Markt der Neustadt zu einem französischen Sprachlehrer gingen, der neben der Kirche wohnte, und in kindischer Freude stehen blieben, um dem goldenen Hahn auf der Spitze des Turms zuzusehen, der sich im Winde hin und her drehte. Zwei Wege waren es besonders, die wir gemeinschaftlich machten, den einen zu der Schwester des Vaters, einer kinderlosen Witwe, die in unserer Nähe wohnte, den andern zu den Eltern der Mutter. Die Tante war eine verständige, wohlmeinende, aber ernste Frau, die uns den ersten Unterricht gab und einen großen Einfluß ausübte, da ihre Autorität unbedingt galt. Sie hing mit großer Liebe an unserm Vater, den sie als ältere Schwester in der Jugend gepflegt hatte, und als dieser zum Justizamtmann in Steinau ernannt wurde, verkaufte sie ihr Haus in Hanau und zog mit dorthin. Sie hat ihn auch nicht lange überlebt. Die Festigkeit ihres Geistes verließ sie nicht, bis zu ihrem Ende. In der Nacht, wo sie die Annäherung des Todes fühlte, bat sie die Mutter, ihr ein Gebet vorzulesen; die Mutter

Wilhelm Grimm
Kohlezeichnung von Franz Krüger, 1840
Vorzeichnung zu dem Huldigungsbild

fing das Gebet eines Kranken an: »Nein, Frau Schwester«, sagte sie, »suchen Sie das Gebet eines Sterbenden auf.« Sie hatte eine Vorliebe für Jakob, ohne minder teilnehmend für uns übrige Geschwister zu sein, vielleicht trug die Ähnlichkeit mit dem Urgroßvater Friedrich Grimm, die ein erhaltenes Ölbild außer Zweifel setzt, dazu bei, vielleicht auch die frühe Äußerung natürlicher Anlagen. Die Mutter erzählte wenigstens gerne, er habe schon lesen können, bevor andere Kinder anfangen zu lernen und eine ganze Gesellschaft so sehr in

Ludwig Emil Grimm:
Mittagessen im »Weißen Roß« in Steinau

Verwunderung gesetzt, daß alle sich hätten überzeugen wollen, ob er wirklich aus einem Buche ablese. Zu den Großeltern gingen wir nicht täglich, wie zu der Tante, aber doch ein paarmal in der Woche zu bestimmten Tagen. Zwei Ölbilder aus jener Zeit vergegenwärtigen uns ihre Züge auf das lebendigste. Der Großvater, Kanzleirat Zimmer, schon damals hoch bejahrt, lebte im Ruhestand. Er war um die Person des Landgrafen Wilhelm VIII[1]) gewesen, als der siebenjährige Krieg diesen Fürsten nötigte, sein Land zu verlassen, und eine gleichmäßige Freundlichkeit, Milde und Nachsicht war ihm wohl aus dieser Stellung eigen geworden. Er starb oder vielmehr er schlief ohne Krankheit ein im Jahr 1803[2]) in einem Alter von fast 90 Jahren, noch im vollen Besitze seiner Geisteskräfte; die Großmutter war ihm, doch auch schon sehr bejahrt, vorangegangen. Beide behandelten uns mit jener großen Zärtlichkeit, die Enkeln gewöhnlich zu Teil wird, und ich erinnere mich noch sehr gut, wie der Großvater, wenn wir späterhin ihn von Steinau aus besuchten, oft stundenlang sich zu uns setzte, seine zitternden Hände auf den Tisch legte und zusah, wie wir aus Niebuhrs[3]) arabischer Reise die Kupfer kopierten. Bis zu seinem Ende, als er die Feder nur noch mit Mühe halten und nur mit großer Anstrengung schreiben konnte, erteilte er uns in Briefen die liebreichsten Lehren. – Des Abzuges der Eltern nach Steinau erinnere ich mich noch als eines wichtigen Ereignisses; ich saß im Wagen auf einem Kästchen zu Füßen der Mutter und sah den blühenden Weißdorn an den Fenstern der Kutsche vorbeieilen, wenn diese zwischen Hecken hinfuhr. Ich kann übergehen, was Jakob schon von unserm Aufenthalte in Steinau erzählt hat. Ich erfreute mich in der ersten Jugend der vollkommensten Gesundheit und tat es darin allen Geschwistern zuvor; ich erinnere mich nicht einmal eines leichten Übelbefindens, und selbst die Blattern, an welchen wir Geschwister alle darniederlagen, konnten mir nichts anhaben. Jakob war von dieser furchtbaren Krankheit heftig ergriffen, das ganze Gesicht, auch die Augen waren bedeckt, und fünf oder sechs Tage lag er völlig erblindet. Ich weiß noch, wie er nach seiner Genesung zum erstenmal an einem sonnigen Tage spazieren gefahren wurde und mit dem fleckigen und narbigen Gesichte, aber ganz unentstellten Zügen im Wagen saß. Die Narben sind hernach bis auf wenige Spuren völlig verschwunden, und der natürliche Ausdruck hat im mindesten nicht gelitten. Die Gegend von Steinau hat etwas Angenehmes. Oft sind wir zusammen in den Wiesentälern und auf den Anhöhen umhergegangen; der Sinn für die Natur mag uns, wie vielen, angeboren sein, aber er ist doch auch auf diese Art genährt und begünstigt worden. Noch jetzt weiß ich nichts, was so sicher die friedliche Stimmung der Seele, in welcher alles Glück beruht, hervorrufe als ein einsamer Spaziergang, wo kein Gespräch und Unterhaltung uns an die Bemühungen des Lebens erinnert, und wir die Natur frei auf unsere Gedanken wirken lassen; ungesucht und unerwartet ist mir hier oft das beste eingefallen. Darum gewöhne ich mich auch am letzten an eine neue Gegend, und unter so manchen schönen Punkten, die ich hier (in Göttingen) sehe, erscheint mir der Meißner, den ich Jahre lang aus meinem Fenster in Kassel betrachten konnte, allein bekannt und zutraulich.

Der Neigung zum Zeichnen ist schon gedacht, auch ein gewisser Sammlergeist zeigte sich frühe: schon damals brachten wir Insekten, Schmetterlinge und dergleichen heim und zeichneten es ab, und späterhin ward es noch fortgesetzt. Einiges hat sich davon erhalten, und ich kann versichern, daß die Abbildungen nicht schlecht gemacht und der geringen Muschelfarben ungeachtet treu illuminiert sind. Rechnet man dazu, daß wir niemals Unterricht im Zeichnen erhalten haben (damals war keine Gelegenheit, hernach keine Zeit dazu), so darf man wohl einige natürliche Anlage voraussetzen. Auch die radierten Blätter meines Bruders Ludwig, fast lauter Zeichnungen nach der Natur, deucht mich, beweisen einen sicheren Blick. Genaue und sorgsame Monographien, wie etwa Lyonets Werk über die Weidenraupe, haben immer meine Bewunderung erregt. Solche Beiträge für die Wissenschaft können an Umfang gering sein, aber ihr Einfluß ist unberechenbar und ihr Wert unvergänglich. Geist, großartiger Sinn, Teilnahme an den höchsten Fragen des Lebens werden sich auch hier nicht verleugnen, sind sie nur wirklich vorhanden. Ich möchte am liebsten das Allgemeine in dem Besondern ergreifen und erfassen und die Erkenntnis, die auf diesem Wege erlangt wird, scheint mir fester und fruchtbarer, als die, welche auf umgekehrtem Wege gefunden wird. Leicht wird sonst als unnütz hinweggeworfen, worin sich das Leben am bestimmtesten ausgeprägt hat, und man ergibt sich Betrachtungen, die vielleicht berauschen, aber nicht wirklich sättigen und nähren. – Im Herbst 1826 führten mich Geschäfte nach Steinau, wo ich in zwanzig Jahren nicht gewesen war. Der wohlbekannte, viereckkige Schloßturm, von welchem Sonntags, wenn wir nach der Kirche mit der Mutter in feierlicher Stille an dem Schloßgarten hergingen, die Posaunen einen Choral ertönen ließen, die Kirchen und andere höhere Gebäude zeigten sich an dem reinen Himmel aus der Ferne ganz wie sonst; in der Nähe war manches verändert, neue Häuser waren auf fruchtbare Gartenfelder gebaut, ein paar Türme über den Stadttoren abgetragen, ein Teil des Schlosses, den noch die Mutter des verstorbenen Kurfürsten (eine Prinzessin von England, Tochter Georgs II.) bewohnt hatte, war in der französischen Zeit in ein Gefangenhaus verwandelt und die Fenster vergittert worden. Wir fühlen es nicht immer, wie unaufhaltsam alles versinkt, aber ich kann mich der Bewegung nicht erwehren, wenn eine Erinnerung mich auf einen Augenblick in eine längst untergegangene Zeit, die anderen Schmerz und andere Freuden hatte, mitten hinein-

Ludwig Emil Grimm:
Bildnis Dorothea Grimm, geb. Zimmer,
die Mutter der Brüder

rückt. Der Vater hatte mir erzählt, daß als er, noch ein kleiner Knabe, nach dem Tode seiner Mutter, der Landgräfin begegnet sei, sie teilnehmend gefragt und angehört habe, warum er Trauerkleider trage. Dabei fiel mir ein, daß, als der verstorbene Kurfürst einmal in dem Städtchen angelangt und in dem Schloß abgestiegen war, ich von dem Amtsdiener auf die

Lotte Hassenpflug, geb. Grimm, mit ihren Kindern
Zeichnung von Ludwig Emil Grimm

Mauer gehoben wurde, um den Herrn besser sehen zu können. Er zeigte sich auch wirklich in der glänzenden Uniform am Fenster und war ein schöner Mann in seinen besten Jahren. Einige Jahre vor seinem Tode mußte ich ein paar Tage lang den Dienst in seiner Privatbibliothek zu Wilhelmshöhe versehen, er war ein Greis und klagte über innern Frost; aber mit sichtbarer Belebung und Freude erzählte er bei zufälliger Veranlaßung, wie er in seiner Jugend mit seiner Mutter, eben jener Landgräfin, seine erste Reise an den Rhein gemacht habe, und verlangte von mir, ich sollte ihm ein Buch mit Bildern aus diesen Gegenden herbeiholen, in welchem er lange blätterte. – Ich ließ mir die Schlüssel zu der Kirche bringen, in welcher der Großvater vor etwa hundert Jahren seine Antrittspredigt gehalten hatte, und ging ganz allein hinein. Die Sonne schien durch die hohen Fenster auf den ganz mit Leichensteinen bedeckten Fußboden der Kirche, wovon mehrere in das 16. Jahrhundert gehörten. Auf dreien, gerade vor dem Altar, fand ich die Namen meiner Familie: zwei Brüder des Vaters lagen da (er war der einzig übriggebliebene), einer, der Friedrich hieß, war in der Jugend gestorben, und eine lateinische Inschrift gedachte der ungewöhnlichen Gaben des Kindes und des tiefen Schmerzes der Eltern bei seinem Verlust; der andere war schon Prediger in Hanau gewesen. Über beiden zwischen dem Altar und der Kanzel lag die Großmutter, und so war der Großvater zwanzig Jahre lang jeden Sonntag über ihr Grab zur Kanzel geschritten. Die jetzige Zeit scheut dergleichen Erinnerungen, mir scheint es würdiger, das Andenken der Verstorbenen auf diese Weise zu ehren. Der Großvater selbst war auf den vor der Stadt angelegten Kirchhof begraben worden, das wußte ich, und fand dort seinen Leichenstein, auf welchem eine kurze Erzählung seines Lebens steht. Er war 47 Jahre an demselben Orte Prediger gewesen. Wie beneidenswert schien mir dieses Los: ein segensvolles Amt, Liebe und Achtung der Gemeinde, Muße zur Betrachtung und zum Nachsinnen, und ein lebendiges und freudiges Gefühl des Daseins. Ich suchte auch den Garten auf, den die Eltern ehemals besessen hatten. Der Baum stand noch, an welchem der weiße Mantel der Mutter zu hängen pflegte, den wir von weitem sahen, wenn wir nach beendigter Schule nachkamen, und es war mir, als sähe ich sie selbst langsam über die Wiese hergehen. Als ich mit diesen Erinnerungen in dem Garten auf und ab ging, kam ich mir selbst wie ein abgeschiedner Geist vor, der zu der ehemaligen Heimat wieder einmal zurückgekehrt ist. Ob das heftige Gefühl, das mir die Seele erfüllte, Schmerz oder Freude war, weiß ich nicht, es war wohl beides zugleich. Die Liebe zu meiner Mutter ist noch jetzt, nachdem sie länger als zwanzig Jahre im Grab liegt, unvermindert in meinem Herzen; der Traum führt mich manchmal zu ihr hin, sie sitzt meist, wie in den letzten Jahren ihres Lebens, auf einem kleinen Teppich vor einem Arbeitstischchen, reicht mir die magere, aber sanfte Hand und fragt, warum ich so lange nicht bei ihr gewesen sei? Hätte es Gott gefallen, ihr Leben zu verlängern, welche Freude, wenn wir ihr die mühseligen, uns geopferten Jahre mit ebensoviel stillen und ruhigen hätten vergelten können. Alte Leute kehren wohl, wenn keine Sorge und Arbeit sie mehr unterbricht, zu den Beschäftigungen der Jugend zurück, sie pflegen Blumen, einen Lieblingsvogel und die Bücher, die der ernste Drang des Lebens ihnen verschlossen hatte, werden wieder geöffnet. Die Mutter las gerne, der Grandison[4]) war ihr Lieblingsbuch, dessen verschlungene Begebenheiten und vielfältige Charaktere sie sehr wohl behalten hatte; manchmal bei recht heiterer Stimmung sagte sie uns Stellen aus Gellerts[5]) beschämter Schäferin vor, worin sie als Kind eine Rolle gespielt hatte. – Ich habe zu dem, was Jakob von unserm Aufenthalte in Kassel, wohin wir im Herbst 1799 geschickt wurden und wo wir das Lyceum besuchten, erzählt hat, weniges hinzuzufügen. Eine ältere Schwester der Mutter sorgte dort für uns so liebreich wie die Mutter selbst. Ich war eifrig im Lernen, wie es auch sehr nötig war, aber der Übergang zu dieser sitzenden Lebensweise, denn der ganze Tag war mit Lehrstunden besetzt, wirkte nachteilig auf meine bisher so feste Gesundheit. Nach einem an sich gar nicht heftigen, glücklich überstandenen Anfall des Scharlachfiebers fing ich an, über beschwerten Atem zu klagen, wozu sich bald Schmerzen in der Brust gesellten. Ob mein schnelles Heranwachsen auch Schuld hatte, wie man versicherte, weiß ich nicht, aber wir Geschwister hatten meist alle Vater und Mutter, die eher von kleiner Statur waren, überwachsen. Die Lehrstunden hatten dabei ihren Fortgang, und der Weg nach dem Lyceum ward mir oft sehr sauer, wenn mir der kalte Wind, der über den Friedrichsplatz oft herzieht, entgegenblies. Sammlungen mancherlei Art wurden angelegt, auch aus Büchern, die wir uns nicht kaufen konnten, Exzerpte gemacht, die reinlich geschriebenen Hefte sind lange Zeit aufbewahrt wor-

Hassenpflugs Kinder
Zeichnung von Ludwig Emil Grimm

den. Als die Zeit heranrückte, wo wir die Universität beziehen sollten, war ich einem so heftigen Anfall von Asthma ausgesetzt, daß nur durch sehr starke Mittel die ganz nahe Gefahr abgewendet wurde. Ich durfte nach dieser Krankheit ein halbes Jahr lang das Zimmer nicht verlassen; das Zeichnen war meine einzige Erholung, aber dazu ward mir täglich nur eine kurze Zeit gestattet; ein reinlich ausgeführtes Blatt ist noch aus jener Zeit übrig, an die ich selbst mit einigem Behagen denke. Ich glaube, Krankheiten in diesem Lebensalter können bildend wirken: die Nächte, in denen man vergeblich auf Schlaf hofft, die Stunden, in welchen Beschäftigung untersagt oder unmöglich ist und welche der Selbstbetrachtung zufallen, führen schneller zum Bewußtsein und zur Erkenntnis unserer Natur, als es bei ungestörter, soll ich sagen übermütiger? Gesundheit der Fall sein mag.

Es entgehen doch nur wenige gänzlich der Krankheit, und ich habe auch darin eine gerechte Austeilung bemerkt, daß gewöhnlich nur eine Lebensperiode davon betroffen wird und wessen Jugend davon frei blieb, in männlichen Jahren einen Teil der allgemeinen Schuld hat übernehmen müssen. Ich hatte mich einigermaßen erholt, als mich im Frühjahr 1804[6]) Jakob nach Marburg abholte, wohin er vorangegangen war. Ich besuchte die Collegia und zwar unausgesetzt, ohne im Grunde an eine Wiederherstellung zu glauben. Schon damals erfuhr ich von Hofrat Conradi[7]), der dort Professor war, die freundschaftlichste Teilnahme, und sein ärztlicher Beistand wurde mir auch späterhin und aus der Ferne nicht versagt. Ich habe mit meinem Bruder dieselben Lehrer gehabt und so ziemlich dieselben Collegia gehört; auch ich darf mich Savignys Wohlwollen rühmen, und ich weiß nicht leicht etwas, daß so großen Eindruck auf mich gemacht hat als sein Vortrag. Ich glaube, es war die Freiheit und Lebendigkeit, zugleich das Gemessene und Ruhige dabei, was so sehr anzog und festhielt. Rhetorische Gaben können für eine Zeitlang blenden, aber sie fesseln nicht. Er sprach frei und blickte nur von Zeit zu Zeit auf ein einzelnes beschriebenes Blatt, und es war bei vollkommener Klarheit und dem Ausdruck innerer Überzeugung eine gewisse Zurückhaltung und Mäßigung in seiner Darstellung, deren Wirkung kein rednerischer Überfluß würde erreicht haben. Seine ganze äußere Erscheinung war diesem Eindrucke völlig angemessen. Ich hörte zuerst Rechtsgeschichte nach Hugo[8]), dann Institutionen. Savigny richtete zuweilen, während der Vorlesung, Fragen an die Zuhörer, schwierigere wurden schriftlich beantwortet. Ich schrieb nach, aber was ich mit nach Haus brachte, ward durch das, was in Gedanken geblieben war, ergänzt und das Ganze überarbeitet. Wir beide erhielten die Erlaubnis, Savigny zu besuchen und uns Rat bei ihm zu holen; die Anregung, die nicht bloß von seinen Vorlesungen ausging, die Einsicht von dem Werte geschichtlicher Betrachtung und einer richtigen Methode bei dem Studium war ein Gewinn, den ich nicht hoch genug anschlagen kann, ja ich weiß nicht, ob ich sonst je auf einen ordentlichen Weg gekommen wäre. Für wie vieles andere hat er uns den Sinn erschlossen, und wie manches noch unbekannte Buch ward aus seiner Bibliothek nach Haus getragen! Die anmutige Weise, mit welcher er wohl gelegentlich etwas vorlas, eine Stelle aus Wilhelm Meister, ein Lied von Goethe, ist mir noch so lebhaft in Gedanken, als habe ich ihm erst gestern zugehört. Manchmal kommt es mir vor, als sei heutzutage strenger Eifer für Gelehrsamkeit wohl zu finden, eine solche Richtung nach freier Ausbildung aber seltener und dem

Carl Hassenpflug als Kind
Zeichnung von Ludwig Emil Grimm, 1828

Ernste die Heiterkeit entzogen worden; oder täusche ich mich und sollte ich bloß beklagen, daß die Zeit der ersten jugendlichen Anregung und der eben erwachten Teilnahme für das Geistige vorübergeht?

Die Verschiedenheit von Savignys Vortrage hatte ich volle Gelegenheit zu bemerken, als ich in die Pandekten zu Weis kam. Sie waren gewiß nicht schlecht, aber bei aller natürlichen Lebhaftigkeit des Mannes fehlte doch das rechte, fortschreitende Interesse an der Sache, und mitunter ins Geschmacklose zu geraten, ward ihm auch nicht schwer. Bei Erxleben, der Kirchenrecht vortrug, herrschte eine langweilige und abgelebte Zierlichkeit des Ausdrucks, die für den Inhalt entschädigen sollte. Im Frühjahr 1807[9]) wurde ich examiniert und wahrscheinlich hätte ich im Laufe des Jahrs eine Anstellung erhalten, wenn nicht das Vaterland von den Franzosen wäre überzogen worden.

Jener Tag des Zusammenbruchs aller bisherigen Verhältnisse wird mir immer vor Augen stehen. Ich hatte am letzten Oktober abends die französischen Wachfeuer in der Ferne mit einiger Bangigkeit gesehen, aber daß Hessen unter fremde Herrschaft geraten sollte, konnte ich nicht eher glauben, als bis ich am andern Morgen die französischen Regimenter bei dem alten, jetzt niedergerissenen Schlosse in vollem militärischen Glanze einziehen sah. Bald änderte sich alles von Grund aus: fremde Menschen, fremde Sitten, auf der Straße und den Spaziergängen eine fremde, laut geredete Sprache. Keine andere deutsche Stadt hat so vielfachen Wechsel erlebt als Kassel, und manchmal scheint es mir, als habe ich mehrere Menschenalter verschlafen, wenn ich bedenke, welche ganz verschiedene Zustände und Zeiten ich dort erlebt habe. Die Zeit nach der Wiederherstellung weicht doch in manchen Dingen von der früheren ab, und seit der Regierung des gegenwärtigen Kurfürsten[10]) hat sich vieles wieder gar sehr verändert. Bei der westfälischen Zeit kann ich eine Bemerkung nicht unterdrücken, weil sie zu oft in die Gedanken zurückkehrt. Ich habe stets die Schmach gefühlt, welche in der fremden Herrschaft lag; an harten, unerträglichen Einrichtungen, an Ungerechtigkeiten aller Art fehlte es nicht, und ich weiß wohl, mit welchem Gefühl ich die armen Menschen habe durch die Straße hinwanken gesehen, welche zum Tod geführt wurden; aber dieser Zustand drückte mich nicht nieder wie er, selbst in geringerm Grade, würde getan haben, sobald Gesetzlichkeit, Ordnung und Wahrheit an der Spitze stehen sollten. Aber damals entsprang das Unrecht aus der Lage der Dinge, die in vielen Fällen mächtiger war als der Wille des Gewalthabers selbst; es schien mir eine Naturnotwendigkeit zu sein oder eine strenge Fügung Gottes.

Das Drückende jener Zeiten zu überwinden half denn auch der Eifer, womit die altdeutschen Studien getrieben wurden. Die Jurisprudenz konnte um so eher beiseite gelegt werden, als meine Kränklichkeit mir nicht erlaubte, an eine Anstellung zu denken. Ohne Zweifel hatten die Weltereignisse und das Bedürfnis, sich in den Frieden der Wissenschaft zurückzuziehen, beigetragen, daß jene lange vergessene Literatur wieder erweckt wurde; allein man suchte nicht bloß in der Vergangenheit einen Trost, auch die Hoffnung war natürlich, daß diese Richtung zu der Rückkehr einer anderen Zeit etwas beitragen könne. Was Bodmer früher angeregt hatte, war längst erstorben, dieses Gebiet konnte für ein eben entdecktes gelten, auch schien sich, wo man den Blick hinwendete, dem Auge etwas neues darzubieten. Dazu kam die Zufriedenheit, die mit den ersten Versuchen verbunden zu sein pflegt, wo man die Schwierigkeiten noch nicht kennt und alles aufs beste gemacht zu haben glaubt. An Empfänglichkeit bei dem Publikum hat es niemals gefehlt; einige Ungunst wird hier und da durch die natürliche Neigung zum Widerspruche hervorgerufen, am widerwärtigsten wirkte der abgeschmackte Enthusiasmus unwissender Lobredner, welche ich dem Mehltau vergleiche, der auf die gesundesten Pflanzen fällt und eine Zeitlang im Fortwachsen hemmt. Eine gerechte Würdigung scheint nicht mehr allzu fern, und nachdem eine sichere Grundlage gelegt worden, ohne welche die einzelnen Bemühungen leicht wieder zusammengebrochen wären, so steht eine abermalige Vergessenheit nicht mehr zu befürchten. Die geistige Bildung des Mittelalters läßt sich kaum mit einer anderen vergleichen; in ihrer Eigentümlichkeit ist zugleich Leben und Wahrheit, in ihrem Reichtume Mannigfaltigkeit, in einer nicht geringen Anzahl ihrer Erzeugnisse ein ausgezeichneter, innerer Wert; wie sollte jemand, an einem für die Geschichte des menschlichen Geistes so wichtigen Zeitpunkte gleichgültig vorübergehen können oder sich vorsätzlich davon abwenden? Ein glücklicher Umstand scheint mir, daß der Charakter dieser Bildung einer flüchtigen, bloß

DEUTSCHES

WÖRTERBUCH

VON

JACOB GRIMM UND WILHELM GRIMM.

ERSTER BAND.

A — BIERMOLKE.

LEIPZIG

VERLAG VON S. HIRZEL.

1854.

Deutsches Wörterbuch,
Titelseite der Erstausgabe,
Leipzig 1852/54

geistreichen Betrachtung widerstrebt und die Geschicklichkeit mit allgemeinen Formeln das Ganze zu erfassen oder, wie man sagt, sich anzueignen, dabei zu Schanden wird. Es sind schon Bücher in diesem Geiste geschrieben worden, vielleicht mit Talent. Wer die Dinge nicht kennt, mag hoffen, etwas daraus zu lernen, wer sie kennt, dem wird der Widerwille vor grundlosen Einbildungen und leeren Spiegelfechtereien alle Nachsicht unmöglich machen. Hier muß jedes einzelne nach seiner freien und unabhängigen Natur untersucht und gewürdigt werden, und nur auf diesem mühsamsten Wege darf man hoffen, zu einem wahrhaften Bilde jener Zeit zu gelangen. Es wird den meisten paradox lauten, dennoch ist es wahr: was die Gegenwart, der es nicht an Feinheit des Geistes und einer gewißen Schwelgerei in subtilen Gedanken fehlt, als ihr Eigentümlichstes preisen möchte, sie könnte in den Gedichten des 13. Jahrhunderts das Gegenstück finden und dabei eine Gewandtheit im Ausdrucke des Einzelnen, deren die heutige Sprache nicht mehr fähig ist. Freidanks Werk allein bewährt einen Grad von innerem Selbstbewußtsein und unbefangener Beobachtung der Welt, dessen sich die besten unserer Zeit nicht zu schämen brauchten. Das Mittelalter zu erforschen, um es in der Gegenwart wieder geltend zu machen, wird nur der beschränktesten Seele einfallen; allein es beweist auf der andern Seite gleiche Stumpfheit, wenn man den Einfluß abwehren wollte, den es auf Verständnis und richtige Behandlung der Gegenwart haben muß. In dieser Beziehung scheint es mir auch wichtig, daß die altdeutsche Literatur Veranlassung gab, auf Sitten, Gebräuche, Sprache und Dichtung des Volks die Aufmerksamkeit zu richten, und es verletzt schon jetzt den gelehrten Anstand nicht mehr, davon in ernsthaften Büchern zu reden und die Spuren des hohen Altertums darin nachzuweisen. Ich erwähne hier die altdeutsche Literatur gewiß nicht, um Gelegenheit zu haben, eine Rezension meiner Schriften zu liefern, nur eine Bemerkung sei mir erlaubt, die vielleicht als eine Entschuldigung gilt. Studien und Richtung derselben haben wir in der Gewalt, und dabei sollen wir nach einem bestimmten Plane verfahren; die allgemeinere und breitere Anlage pflegt sich in der Folge zusammenzuziehen und der Umkreis durch Beschränkung mehr Festigkeit und Sicherheit zu erlangen. Ich

Bettina Brentano
Zeichnung von Ludwig Emil Grimm, 1809

setze dabei voraus, daß äußere Verhältnisse nicht hemmend dazwischentreten und höhere Sorgen und Pflichten nicht andere Wege vorzeichnen. Dagegen ist die Ausarbeitung der Bücher selbst bei mir mehrmals von einem bloßen Zufalle abhängig gewesen. Zu der Schrift über deutsche Runen veranlaßte mich ein Fund in einem alten Grabhügel, der an sich sehr zweifelhaft war und in dem Buche selbst als eine geringe

Nebensache erscheint. Ich bin schon längere Zeit mit einer Ausgabe von Freidanks Sprüchen beschäftigt; schnell können Arbeiten dieser Art nicht zu stand kommen, weil die Handschriften, deren ich endlich sechzehn zusammen gebracht habe, deren Wert erst auszumitteln ist, nicht so schnell anlangen, als man wünscht oder Versprechungen hoffen lassen. In der Zwischenzeit sorgte ich für die Herausgabe des Grafen Rudolf, wovon die Fragmente in meine Hände kamen, und als diese Arbeit beendigt war, bemerkte ich, daß meine fortgeführte Sammlung für die deutsche Heldensage zu stark herangewachsen war, als daß ich sie länger ohne Ausarbeitung übersehen könnte. Ich entschloß mich also dazu, aber sie kostete mehr als die dafür bestimmte Zeit, und die Untersuchung selbst führte mich weiter, als ich anfänglich geglaubt hatte. Zwar kehrte ich wieder zu der früheren Aufgabe zurück, denn eine gewiße zähe Anhänglichkeit an einen einmal gefaßten Plan ist an mir ich weiß nicht ob zu rühmen oder zu tadeln, aber nun kam die neue Ausgabe des Liedes von Hildebrand dazwischen, veranlaßt durch den bevorstehenden Abschied von Kassel. So lange ich den alten Codex wie oft ich wollte in die Hand nehmen konnte, hatte ich eine Abbildung desselben, deren Nutzen ich wohl einsah, immer aufgeschoben; jetzt gedachte ich damit ein Stück des bisher besessenen mitzunehmen, und der Sorgfalt, mit der ich sie fertigte, mag dieser Gedanke nicht geschadet haben. Meinem Bruder habe ich die paar Blätter zugeeignet, nicht als ein Zeichen der Liebe oder als eine Erinnerung der dort verlebten Jahre, weder des einen noch des andern bedarf es, sondern weil ich sie als die einzige Arbeit von mir betrachte, die nicht leicht durch eine bessere könnte ersetzt werden. Ob ich jetzt ohne Störung den Freidank beendigen kann, der doch nur von geringem Umfange ist, wird sich zeigen, bei der Mehrung meiner Berufsgeschäfte rückt er doch nicht so schnell, als ich wünsche, fort. Doch die Arbeit selbst ist es ja, worin die eigentliche Freude liegt, wenigstens nach meinem Gefühle. Sie wächst in dem Grade, in welchem jene sich ihrem Ende nähert, aber das fertige Werk lege ich gerne weg, und mich reizt nur der Gedanke, die Aufgabe das nächstemal besser zu lösen.

Nach dieser Abschweifung, in der ich vieles vorausgenommen habe, kehre ich wieder zu den Ereignissen in den sieben

Jahren der französischen Herrschaft zurück. Meine Kränklichkeit hatte nach dem Tode der Mutter (1808) immer zugenommen; zu dem beengten Atem, der mir das Ersteigen weniger Stufen zu einer großen Last machte, und den fortwährenden stechenden Schmerzen in der Brust, gesellte sich noch eine Herzkrankheit. Der Schmerz, den ich mit nichts vergleichen konnte als dem Gefühl, es fahre von Zeit zu Zeit ein glühender Pfeil durch das Herz, war mit beständiger Beängstigung verbunden. Manchmal brach er in ein heftiges Herzklopfen aus, das ohne äußere Veranlassung auf einmal kam und ebenso mit einem Schlag endigte; einigemal hat es ununterbrochen zwanzig Stunden gedauert und mich in dem höchsten Grade der Erschöpfung verlassen; ein Gefühl, ich sei dann dem Tode sehr nah, war gewiß nicht ungegründet. Viele Nächte habe ich schlaflos, aufrecht sitzend, ohne mich zu bewegen, zugebracht und auf das Grauen des Tages gewartet, das mir immer einigen Trost zu bringen schien. Eine Wachtel, die vor dem Fenster eines Nachbars hing, hat mir ihn oft zuerst angekündigt, und noch jetzt kann ich den eigentümlichen Schlag des Tieres nicht ganz gleichgültig anhören. Es ist unglaublich, wie viel man körperlich ertragen kann, und zwar lange Jahre hindurch, ohne doch die Freude am Leben zu verlieren. Das Gefühl der Jugend mag dabei geholfen haben, aber gänzlich fühlte ich mich durch diese Krankheit nicht niedergedrückt, und in den leidlichen Stunden arbeitete ich fort, selbst mit Vergnügen. Über meinen Zustand täuschte ich mich nicht, und jeden Tag den ich noch lebte, betrachtete ich als ein Geschenk Gottes; daß ich bei diesen Leiden noch ein halbes Jahr fortleben könnte, schien mir oft ganz unmöglich. Nur solange ich zweifelhaft war und an Genesung dachte, war ich gequält und erst von dem Augenblikke ruhig, wo ich alle Hoffnung aufgab, und ich glaube, daß es im Grunde dieser Augenblick war, wo meine Besserung anfing. Im Frühjahr 1809 reiste ich nach Halle, wo ich Gelegenheit hatte, den berühmten Reil[11]) über meine Krankheit um Rat zu fragen. Ich sehe ihn noch, wie er, den Bericht anhörend, die großen, blauen Augen unverwandt auf mich richtete. Er war eine große Gestalt, und in den festen, fast scharfen Gesichtszügen lag zugleich etwas Mildes, in seinem ganzen Wesen aber die Sicherheit und volle Überzeugung, die bei einem Arzte so sehr das Zutrauen erregt. Er legte die Hand lange auf mein Herz, um die Bewegung desselben zu beobachten, endlich äußerte er, daß bei einem so anomalen Zustande nichts übrig bleibe als Versuche. Er bat mich späterhin sogar, einige ältere französische Abhandlungen über Herzkrankheiten nachzulesen, da ihm seine vielfachen Geschäfte und die Untersuchungen über das menschliche Gehirn, welche er eben vorhatte, dies selbst zu tun nicht erlaubten. Er sendete mir wirklich Bücher, und ich habe ihm daraus referiert, kann aber doch ein solches Studium nicht empfehlen. Ob nun die gebrauchten Mittel: Einreibungen starker Essenzen, Eisen- und Sohlbäder, Elektrisieren, von Wirkung waren oder ob der Rat, den mir Reil erteilte, eine Veränderung in den Gewohnheiten des äußeren Lebens anzufangen und regelmäßig eine Zeitlang durchzusetzen, oder das Fernhalten jeder Arbeit und Anstrengung und die Spaziergänge in den reizenden Gegenden von Giebichenstein das Wohltätigste waren, weiß ich nicht, aber ich mußte doch am Ende der Kur eine Besserung meines Zustandes anerkennen. Ich blieb bis zum Herbst in Halle und erfuhr von der Familie des Kapellmeisters Reichardt[12]), die mich eigentlich zu der Reise dorthin bestimmt hatte, die herzlichste Freundschaft. Reichardt war bei manchen Eigenheiten und einem starken Selbstgefühl ein Mann von leicht bewegtem, edlem Herzen. Unter seinen musikalischen Erzeugnissen stelle ich die Kompositionen zu Goethes Liedern oben an. Wer sie von den Gliedern seiner Familie hat vortragen hören, hat sie vielleicht erst in ihrem ganzen Werte kennengelernt. Bei dem jetzigen Geschmack für eine Musik, die nicht Reize genug anhäufen kann, Mozarts Werke nur im Ganzen für schön, im einzelnen für längst übertroffen hält, sind diese Kompositionen meist zurückgestellt; einem einfachen Geschmack, der die natürlichen Früchte lieber als den siebenmal abgezogenen Geist genießt und in den überfüllten Blumen eher einen krankhaften Trieb als eine Schönheit erkennt, sagen sie vielleicht wieder zu.

Die Teilnahme an den großen Ereignissen jenes Sommers war allgemein: es war in jener Periode das letztemal, wo die Hoffnung einer Befreiung aufleuchtete. Der Kriegsschauplatz war nicht sehr fern, das Corps des Herzogs von Braunschweig[13]) Oels und eine Abteilung der Schillischen Husaren zogen nach-

Wilhelm Grimm,
ungezeichnete Originalaufnahme von 1858

einander durch Halle. Ich sah den Herzog auf dem Markte halten und seine ernsten, von weißen Augenbrauen beschatteten Züge sich ein wenig erheitern, als er einem Bürger, den er von seinem früheren Aufenthalt in Halle her kennen mochte, die Hand vom Pferde herab reichte. Damals schien er bei seinem Abzuge uns allen verloren, aber er hatte recht gehabt, dem Glücke zu vertrauen, und er glich dem Mutigen, der bei dem Sturm sich aus dem Schiff herab ins Meer wirft und von den Wellen glücklich ans Ufer getragen wird. Nachdem der unglückliche Friede abgeschlossen war, schien alles verloren und die französische Gewalt das feste Land von Europa auf eine Weise zu umstricken, daß man glauben mußte, es dürfe ohne ihren Willen fortan kein Glied mehr frei bewegen. Allein mitten in solchem Zustande völliger Hoffnungslosigkeit, der gewöhnlicher Ansicht nach keinen Zweig mehr darbietet, nach dem der Herabstürzende greifen kann, ersteht in dem menschlichen Herzen das Vertrauen auf Gottes Beistand; das Äußerste, das eingetreten ist, scheint zugleich der Anfang einer bessern Zeit, und man fühlt sich von der Sorge befreit, nachzusinnen, auf welchem Wege die Hilfe kommen werde. Im Spätherbst reiste ich nach Berlin, Achim von Arnim zu besuchen, den wir schon früher hatten kennenlernen[14]) und dessen liebevolle Gesinnung zu allen Zeiten unverändert geblieben ist. Berlin war damals stiller und einsamer als je, das königliche Haus noch in Königsberg, nur die Kurprinzessin, jetzige regierende Kurfürstin von Hessen, bewohnte einen Teil des Schlosses. Ich sah in ihrem Vorzimmer das von Bury gemalte Bild des kleinen Prinzen, der in kindlichem Spiele eine weiße Fahne mutig aufrecht hielt, in welcher kein Wappen mehr war, gleich als wolle er es von neuem erobern; mir gefiel dieser sinnvolle Gedanke, aber nur meiner Wünsche dabei war ich gewiß. Mich trieb hessische Anhänglichkeit, der Kurprinzessin persönlich meine Verehrung zu bezeigen, und diese erhabene Frau, durch Geist und reiche Bildung ebenso ausgezeichnet als durch Adel der Gesinnung, hat sich hernach bei der Wiederherstellung gegen mich und die meinigen allzeit gnädig erwiesen. So trübe damals die Aussicht in die Zukunft war, so erinnere ich mich doch mit Vergnügen der in Berlin zugebrachten Monate und selbst der fröhlichsten Stunden. Ein gutes Naturell verleugnet sich auch unter solchen Umständen nicht, und nur als Beispiel nenne ich Buttmann[15]), dessen frische Lebendigkeit gewiß in den glücklichsten Zeiten sich nicht steigern konnte.

Auf dem Rückwege durch Weimar, am Schlusse des Jahres, ward mir das Glück zuteil, Goethe zu sehen. Noch deutlich bin ich mir der Stimmung bewußt, mit welcher ich zum erstenmale sein Haus betrat und über die bequeme Treppe und das oft beschriebene Salve in sein Zimmer gelangte. Jemand, den wir früher oft und genau in mannigfachen Bildern angesehen, ist uns nicht fremd und überrascht uns doch; in der Wirklichkeit liegt noch eine Macht, von der die Kunst nichts weiß. Er äußerte Teilnahme für die Bemühungen zu Gunsten einer langvergessenen Literatur und Geneigtheit, sie zu unterstützten, wie mir denn auch späterhin durch seine Fürsprache die Benutzung einiger Codd. der dortigen Bibliothek gestattet wurde. Ich bin während meines Aufenthalts in Weimar, wo Madame Schoppenhauer ein ebenso glänzendes als angenehmes Haus machte und mich auf das gütigste empfing, noch einigemal bei Goethe gewesen, habe ihn in der Eigentümlichkeit seines Wesens gesehen, seine Rede gehört. Ich glaube, ihn selbst gesehen zu haben, ist zu dem Verständnisse seiner Gedichte ungemein förderlich. In ihnen ist dieselbe Mischung der großartigsten, reinsten und edelsten Natur, die ein sinnvoller Mensch sogleich anerkennt und verehrt, und jener höchst eigentümlichen, besondern Bildung, deren Gang man nur zuweilen errät. Erregt doch auch der wunderbare Blick seiner Augen ebenso wohl das vollste Zutrauen, als er uns ferne von ihm hält. Wenn in einer Zeit eine nationelle Gesinnung herrscht, mag es von geringerer Bedeutung sein, die Persönlichkeit des Dichters kennenzulernen, der den Charakter des Volks in höchster Blüte darstellt; anders verhält es sich, wo eine solche Nationalität fehlt und ein Geist, je größer er ist, desto freier und kühner, inneren unausmeßbaren Bedürfnissen gemäß sich entwickelt und bei höherem Aufsteigen immer einsamer sich fühlen muß. Man findet diese Einsamkeit, meine ich, in den meisten seiner Werke, und das ansprechendste und einleuchtendste mit dem seltsamsten und fremdartigsten verbunden. Aus diesem Verhältnis wird auch das Verlangen unserer Zeit gerechtfertigt, die Geschichte der Bildung eines ausgezeichneten Mannes zu erfahren, die oft das Verlangen nach dem unmittelbaren Genuß ihrer Werke übersteigt.

Das Jahr 1809 kann ich als den Wendepunkt betrachten, wo meine Genesung anfing. Sie schritt jedoch nur langsam vorwärts, und die Anfälle von Herzklopfen kehrten zurück, wie wohl seltener und minder heftig; doch von Jahr zu Jahr fühlte ich mich besser und etwa im Jahre 1815 schien mir der Zustand meiner Gesundheit in Vergleich zu dem früheren selbst ein Wunder. Der kurze Atem, der Druck auf der Brust war nach und nach verschwunden; ich konnte frei und tief atmen, mich an einem von Beängstigung erlösten Schlaf erquicken und schon, während ich sonst unfähig war, eine Seite laut abzulesen, eine Stunde lang ohne Beschwerde sprechen, selbst mit verstärkter Stimme vorlesen. Auch äußerlich erholte ich mich, daß wer mich früher hin bleich und auf das äußerste abgemagert, wie ich war, gesehen hatte, mich kaum wieder erkannte. Mit dem Gefühl, als sei mir das Leben nochmals geschenkt, lernte ich jetzt erst die Umgebungen von Kassel, die so schön und mannigfach sind, auf Spaziergängen kennen. Nur mehrere Stunden gehen durfte ich nicht, wenn das Herz nicht in ungewöhnliche und doch ängstliche Bewegung geraten sollte, und auch jetzt darf ich es nicht wagen, so daß das Übel wohl beruhigt, doch nicht behoben scheint.

Das Ende der französischen Herrschaft nahte im Jahr 1813 heran. Die Bewegung der Maschine stockte in den letzten Tagen nach und nach, die Reste der Gewalt machten keinen Eindruck mehr, nur Gewohnheit und Sitte dauerten fort und erhielten die Ordnung. Seltsam wie in solchen Augenblicken, wo die Spannung nachläßt und geistig die Luft umschlägt, die Außenwelt daran teilzunehmen scheint: Die Linien der Berge und Gegend, selbst die Formen der Gebäude zeigen sich unseren Blicken verändert oder in einer fremdartigen Beleuchtung. Als schon die Lage der Dinge bekannt war, einen oder zwei Tage vor seinem Abzug, ritt der König noch einmal mit glänzendem Gefolge, wie gewöhnlich, und ziemlich langsam durch die Straßen. Vor dem Fenster, hinter welchem ich stand, stürzte, als er vorbei war, einer von den roten französischen Husaren, welche die militärische Bedeckung übernommen hatten; er ritt zurück, hielt still, und ich konnte ihn genau betrachten. Auf seinem gelben, italienisch feinen Gesichte war eine künstliche Kälte und in seinem ganzen Wesen Sorge für äußere Haltung ausgedrückt. Er erteilte Befehle und wendete sich, ohne weiter Teilnahme zu zeigen, wieder ab. Der Verlust der im Traume gewonnenen Krone mag ihm verdrießlich gewesen sein, Schmerz kann er, der seinen Untertanen absichtlich gewiß nichts Böses zufügen wollte, aber wie ein wirklicher Fürst kein Wohlwollen für sie fühlte, nicht eigentlich empfunden haben; ohnehin war er an den Wechsel des Geschicks gewöhnt. Als auf seiner Flucht zwei seiner Begleiter, die neben dem Wagen herritten, einen Refrain aus der alten Oper Hieronymus Knikker, der auf sein Schicksal nicht übel paßte, in lustiger Laune absangen, erkundigte er sich nach dem Inhalte des Gesangs und lachte selbst mit, als ihm das Orakel so schicklich als möglich erklärt wurde, das er freilich, da er kein deutsch gelernt, niemals vernommen hatte. Die Wiederherstellung von Hessen ist von uns mit der reinsten Freude gefeiert worden, und ich habe niemals etwas Bewegenderes und Ergreifenderes gesehen als den feierlichen Einzug der fürstlichen Familie. Das Volk zog die Wagen nicht mit einem tobenden, für den Augenblick erregten Eifer, sondern wie jemand, der ein langentbehrtes, von Gott wieder gewährtes Gut in die Heimat zurückführt. Mir schien in diesem Augenblicke, als könne keine Hoffnung auf die Zukunft unerfüllt bleiben.

Ich rücke der Gegenwart näher und würde mich schicklicherweise kürzer fassen, selbst wenn es nicht meine Absicht wäre, bloß einzelne Erinnerungen aus meinem Leben mitzuteilen. Die damaligen Ereignisse hatten auch auf meine Familie Einfluß. Zwei Brüder kamen nach langer Abwesenheit aus der Ferne zurück, um den Feldzug mitzumachen. Der Maler trat als Offizier in ein Regiment ein, und die Besorgnis, daß eine leichte Verwundung ihn für seinen Beruf unfähig machen könne, kam ihm doch kleinlich vor. Jakob ging bald zu der Gesandtschaft ins Hauptquartier ab, und ich blieb mit der Schwester allein zurück, ich könnte sagen, in dem mütterlichen Hause, denn es schien uns beiden ältesten, als hätten wir die Pflicht, die Verbindung der ganzen Familie fortwährend zu erhalten.

Zu Anfang des Jahres 1814 bewarb ich mich um die zweite Bibliothekarstelle an der Bibliothek im Museum, die vakant war. Ich glaubte dazu nicht ungeschickt zu sein, und was mir fehlte, durch Fleiß und Neigung zu diesem Amte zu ersetzen. Der geheime Hofrat Strieder, der an der Spitze der Bibliothek und bei dem Kurfürsten sehr in Gunst stand, ein Mann von redlicher, aber finsterer und bitterer Gesinnung (er hatte aus

Haß gegen die Franzosen während ihrer Anwesenheit sieben Jahre lang keinen Fuß aus seinem Hause gesetzt und konnte, ohne heftig zu werden, sie nicht nennen), riet mir um die Stelle bloß mit dem Titel eines Bibliothekssekretärs zu bitten, weil der Kurfürst, der nötigen Ersparnisse wegen, das Bibliothekarsgehalt zu erteilen nicht geneigt sei und sonst die ihm nicht sehr dringend erscheinende Besetzung der Stelle aufschieben möchte: in der Sache mache dies keinen Unterschied, und bei der ersten Gelegenheit werde sich meine Stellung verbessern. Dieser Rat war so gut als eine Entscheidung; meine Bitte ward nun schnell erfüllt, und am 15. Februar trat ich mein Amt an. Mit dem ersten Bibliothekar, Oberhofrat Völkel, stand ich von Anfange in dem besten Vernehmen, er war reich an Kenntnissen, von gemäßigtem, freundlichem Charakter und hat mich niemals anders als kollegial behandelt; alle Geschäfte der Bibliothek wurden ebenfalls gemeinschaftlich besorgt. Als Völkel, die Antikensammlung zu reklamieren, nach Paris gesendet wurde, blieb mir die Verwaltung der Bibliothek, selbst die Auswahl der anzukaufenden Bücher, eine geraume Zeit allein überlassen. Nach Strieders Tod, der schon im Jahre 1815 erfolgte, würde ich vorgerückt sein, aber mehr wert als eine Beförderung war mir die Hoffnung, daß mein Bruder, der die diplomatische Laufbahn aus mehr als einem Grunde zu verlassen sehnlich wünschte, die Stelle erhalten könnte. Wir waren bisher nie getrennt gewesen und entschlossen, solange es in unsern Kräften stehe, beisammen zu bleiben; aber ein solches gemeinschaftliches Amt erfüllte unsern liebsten Wunsch. Fast gegen Erwartung wurde die Bitte gewährt. Dankbar haben wir die glückliche Zeit genossen, wo wir eine willkommene und belehrende Beschäftigung in dem pünktlich verwalteten Amte fanden, daneben Muße zum Studieren und zur Ausführung mancher literarischen Pläne. Wir dachten nicht, daß wir je diese Stellung aufgeben würden, und Anträge dieses zu tun, selbst solche, die uns nicht getrennt haben würden, wie viel glänzender auch die äußere Lage dabei gewesen wäre, haben wir ohne langes Bedenken abgelehnt. Wir haben sie auch niemals benutzt, um eine Gunstbezeugung außer der gewöhnlichen Ordnung zu veranlassen und hegten keine andere Hoffnung, als daß wir einmal in beide Bibliothekarstellen mit dem damit bisher verbundenen, mäßigen Gehalte eintreten würden; auf den unsern Vorgängern wohl ohne Ausnahme bewilligten höhern Rang und Titel machten wir weder Rechnung noch Anspruch. Daß diese, wie ich glaube, nicht unbescheidene Hoffnung, die in der Regel jedem erfüllt wird, auf dessen Leben und Amtsführung kein Tadel haftet, uns getäuscht hatte, zeigte sich, als nach Völkels Tode dessen Stelle einem Gelehrten übertragen wurde, dem anderweitige Beschäftigungen vielleicht ebensowenig als seine Neigung gestattet hatten, sich irgend mit bibliothekarischen Arbeiten zu befassen. Ich bin 14 Jahre bei der Bibliothek gewesen und hätte, wenn ich nach der allgemeinen Sitte die französische Zeit hinzurechne, 21 Jahre im Dienste sein können. Bei der Bibliothek war in dieser Zeit das ganze Personal, das ich bei meiner Anstellung gefunden, gestorben. Verlassen habe ich sie am 2. November 1829.

Ich bin seit dem 15. Mai 1825 verheiratet mit Henriette Dorothea Wild[16], und habe niemals aufgehört, Gott für das Glück und Segensreiche der Ehe dankbar zu sein. Ich habe meine Frau schon als Kind gekannt, und meine Mutter hat sie als ihr eigenes geliebt, ohne daß sie dachte, sie könnte es jemals wirklich werden. Sie ist eine Urenkelin von Johann Matthias Gesner, der eine der ersten Zierden der hiesigen Universität war, und dem Ernesti in der einfachen Lebensbeschreibung das schönste Denkmal gesetzt hat. Gesners Tochter war mit dem Professor Huber, der von hier aus einem Rufe nach Kassel folgte, verheiratet. Sie hatte, nach einem guten Miniaturbild zu urteilen, noch in ihrem Alter lebendige, ausdrucksvolle Züge, und noch vorhandene, lateinische Briefe, die sie an den Vater schrieb, beweisen ihr gelehrte Bildung, die man der einzigen Tochter eines ausgezeichneten Philologen wohl vergönnt. Auch von ihrer Mutter besitzen wir noch ein wertgehaltenes Andenken, das ich wohl als ein Beispiel einfacher Sitten anführen darf: ein Tafelzeug von der feinsten Art, welches sie mit eigenen Händen hier gesponnen hat. Als ihre Enkelin, die Mutter meiner Frau, mit ihrem Bruder, dem vor etwa zehn Jahren verstorbenen Geheimen Hofrat Huber, der vom Vater Anhänglichkeit an Göttingen geerbt hatte und sich Blumenbachs Freundschaft erfreute, nach dreißig oder mehr Jahren

Wilhelm und Jakob Grimm,
Aufnahme um 1815

wieder einmal hierher kam, erinnerte sie sich bei dem Anblick der Bibliothek deutlich, wie sie als kleines Kind auf den Stufen der Treppe in der Nähe des Brunnens gesessen und in einem von dem Großvater (der quer gegenüber wohnte) erhaltenen Buche gelernt habe. Sie war mit Rudolf Wild, Apotheker »Zur goldenen Sonne« in Kassel verheiratet, dessen menschenfreundliche, mildtätige Gesinnung noch jetzt, nachdem er schon fünfzehn Jahre tot ist, bei vielen Bewohnern Kassels in Andenken steht.

Mir wurde im April 1826 ein Knabe geboren, der von meinem Bruder den Namen Jakob erhielt; das liebe Kind starb schon im Dezember desselben Jahrs und liegt neben meiner Mutter begraben. Der zweite, im Januar 1828 geboren, ward nach dem mütterlichen Großvater Hermann, nach dem väterlichen Friedrich genannt. Der dritte ist hier im März 1830 zur Welt gekommen und ein neues Band, das mich an Göttingen knüpft. Er heißt Rudolf, nach meinem Schwager, dem Obermedizinalassessor Dr. Wild in Kassel, ebenso hieß aber auch dessen Vater und Großvater (welcher aus Bern nach Kassel gezogen war und den das Heimweh früh ins Grab gebracht hatte); Georg heißt er nach Hofrat Benecke[17]), dessen bewährter Freundschaft wir es verdanken, wenn wir uns bei unserer Ankunft hier nicht fremd fühlten; Ludwig nach meinem Bruder, dem Maler und dem Obergerichtsrat Hassenpflug in Kassel, mit welchem unsere einzige Schwester verheiratet ist.

Möge etwas von dem Geiste Gesners auf meine Kinder übergehen! Treue Ergebenheit für das neu erworbene Vaterland, fühle ich, ist sehr wohl vereinbar mit fortwährender Teilnahme und Zuneigung für das angeborene, und ich werde die wohlwollende Aufnahme in Göttingen so wenig vergessen als die rührenden Beweise herzlicher Freundschaft und Liebe, die ich und die meinigen bis zu dem letzten Tage in Kassel empfangen haben.

Das Diplom als Doktor der Philosophie habe ich von der Universität Marburg am 13. Januar 1819 erhalten. Korrespondent der königlichen Societät der Wissenschaften bin ich seit dem 28. Dezember 1824 und Mitglied seit 11. April 1830; Mitglied der Gesellschaft für niederländische Literatur zu Leiden seit 5. November 1816, der Skandinavischen Literarischen Gesellschaft zu Kopenhagen seit 6. November 1816, der Berliner Gesellschaft für deutsche Sprache seit 29. Februar 1816, des Frankfurter Gelehrten Vereins für deutsche Sprache seit 9. Oktober 1818, der deutschen Gesellschaft zu Leipzig seit 23. Dezember 1827, des Vereins für Geschichte und Altertumskunde Westfalens seit 27. März 1828, Mitglied der königlichen Akademie der Wissenschaften zu Kopenhagen seit dem 1. Juni 1829.

Zu dem Verzeichnisse der gemeinschaftlich verfaßten Bücher füge ich hier noch die, welche von mir allein herrühren.

Altdänische Heldenlieder, Balladen und Märchen. Heidelberg 1811. in 8.
Über deutsche Runen. Mit elf Kupfertafeln. Göttingen 1821. in 8.
Zur Literatur der Runen. Nebst Mitteilung runischer Alphabete und gotischer Fragmente aus Handschriften. Wien 1828. in 8. (aus dem 43.ten Bande der Wiener Jahrb. der Literatur besonders abgedruckt).
Grâve Ruodolf. Göttingen 1828. in 4.
Bruchstücke aus einem Gedichte von Assundin. Lemgo 1829. in 8. (Aus Wigands Archiv für Geschichte Westphalens besonders abgedruckt.)
Die deutsche Heldensage. Göttingen 1829. in 8.
De Hildebrando antiquissimi carminis teutonici fragmentum. Gottingae 1830. fol.
Abhandlungen habe ich geliefert in die Studien von Creuzer und Daub und in den Hermes (die altnordische Literatur in gegenwärtiger Periode, im Jahrg. 1820.); Recensionen in die Heidelberger Jahrbücher, in die Leipziger Literatur Zeitung, in den Hermes und (seit 1818) in die Göttinger Anzeigen. Nur ausnahmsweise und aus besondern Gründen habe ich mich unterzeichnet, in den Götting. Anzeigen nur einmal bei Lachmanns Walther von der Vogelweide.

Denkmal der Brüder Grimm in Hanau

Anmerkungen

Wilhelm Grimm

1 Landgraf Wilhelm VIII. (1682–1760), als Nachfolger seines kinderlos gestorbenen Bruders Friedrich I. hessischer Regent von 1751–1760.
2 Richtig: 1798.
3 Carsten Niebuhr: Reisebeschreibung nach Arabien und umliegenden Ländern, Kopenhagen 1774–1778.
4 Samuel Richardson: Sir Charles Grandison, Roman, 1754.
5 Christian Fürchtegott Gellert: Silvia, ein Schäferspiel, sämtliche Schriften Teil III, 1759.
6 Richtig: 1803.
7 J. W. A. Conradi war bis 1814 Professor der Medizin in Marburg, danach in Heidelberg und Göttingen.
8 Gustav Hugo, Professor der Rechte zu Göttingen, veröffentlichte 1799 sein Lehrbuch der Geschichte des Römischen Rechts.
9 Richtig: 1806.
10 Wilhelm II.
11 Johann Christian Reil (1758–1814), Professor der Medizin in Halle.
12 Johann Friedrich Reichardt (1752–1814), als Hofkapellmeister von Halle nach Kassel berufen, seit 1809 wieder in Halle.
13 Friedrich Wilhelm, Herzog von Braunschweig, (1771–1815).
14 Clemens Brentano hatte 1807 Achim von Arnim mit nach Kassel gebracht und den Brüdern Grimm vorgestellt.
15 Philipp Buttmann (1764–1829), klassischer Philologe, Bibliothekar der Königlichen Bibliothek Berlin.
16 Dorothea Wild (1793–1867), die fünfte von sechs Töchtern des Apothekers Rudolf Wild.
17 Georg Friedrich Benicke (1762–1844), Professor und Bibliothekar in Göttingen.

Hausbüchel

für unser Lebenlang

mit der Lotte Bildniß

Cassel 1820

im Verlag von Jacob Grimm.

Liebe Geschwister, ich schenke euch allen zu diesen Weihnachten ein immerwährendes Hausbuch, dessen Absassung mich kleine Mühe gekostet hat, obwohl ich euch versichere, daß die darin abgehandelten Verhältnisse meinem Herzen mehr zu schaffen machen, als alles, was mir je im Kopf herumgegangen ist. Bleibt mir alle gut und duldet das Menschliche an mir, das einmahl aufhören wird, wenn die Hauptsache, nämlich daß wir uns lieb haben, fortdauert. Was mich anbelangt, so will ich alle Scharten, die an mir sind, nach und nach auszuwetzen trachten, wenn auch meine Klinge dadurch kleiner wird. Ein jeder kann sich nun eintragen, was er will und jeder wird dann auch in der Fremde wissen, wann unsere Tage fallen und sich erinnern, daß die unter uns, welche beisammen geblieben sind, nach der alten Weise dem Fest seine Ehre anthun. Ein Stern bedeutet Geboren werden und ein Creuz Gestorben seyn; bei den Namenstagen, obgleich sie unwichtiger sind, fällt einem wohl auch etwas Gutes ein. Platz ist genug gelassen, um einen aufgehenden Stern oder ein niederschlagendes Creuz hinzuzufügen (im Juni und October kommt noch gar nichts vor); welche Tage in der Zukunft gezeichnet werden sollen, steht allein bei dem lieben Gott. Er verleihe mir, daß ich keinem unter euch je ein Creuz mache in keinerlei Sinn. Daß ich dich mit hineingezogen habe, ehrliches Dortchen, vergib mir, denn es geschah, theils um durch dich das Büchelchen etwas ansehnlicher zu machen, da unsere Verwandtschaft fast ausgestorben und ohne rechten Anhalt ist, theils weil ich dich so lieb habe, als meine Geschwister, was gewiß genug sagen will. Der beigefügte Kupferstich wird euch besser gefallen, als die in andern Taschenbüchern stehen und auch diejenige nicht böse machen, die er vorstellt, weil das Ganze in keine fremde Hand kommen soll. Hiermit Gott befohlen und seyd hübsch alle, ihr viere brüderlich, ihr zwei schwesterlich, getreu

Eurem

getreuen Jacob,

der den Anfang machen muß.

Januar.

1

2

3

4 * Jacob Grimm.

5 1824 der Lotte ihr junge geboren vid. 28 jan.

6 * geb. Herman Grimm

7

8

9

10 † der seel. Vater Phil. Wilh. Grimm.

11

12

13

14

15

16

17

18

19 Ferdinandstag.

20

21

22

23

24

25

26

27

28 Carlstag und Lottetag. der Lotte ihr jung getauft

29 Hans Carl Jacob Ludwig.

30

31

Februar.

1
2
3
4
5
6 Dorotheatag.
7
8
9
10
11
12
13
14
15
16
17
18
19
20
21
22
23
24 * Wilhelm Grimm.
25
26 * Ludwig Hassenpflug.
27
28
29

März.

1
2
3
4
5
6
7
8
9
10 * Lotte Grimm.
11
12
13
14 * Luis Grimm.
15
16
17
18
19
20
21
22
23
24
25
26
27
28
29
30
31 * Rudolph Grimm, 1830.

April.

1
2
3 Jacob Grimm geboren. 1826
4 gest. Ludwig Grimm; gest. Gisela Grimm, geb. v.
5 Arnim 1889
6
7
8
9
10
11
12
13
14
15
16 Wilhelms Jacob getauft word
17
18
19
20
21
22
23
24 * Carl Grimm.
25
26
27
28
29
30

Mai.

1
2
3
4
5
6
7
8
9 * Frau Wild, seel.
10
11
12
13
14
15 1825 Wilhelms hochzeit.
16
17
18
19
20
21
22
23 * Dortchen Wild, Wilhelm Grimms frau.
24
25
26
27 † die seel. Mutter Dorothea Grimm.
28 Wilhelmstag.
29
30
31

Juni.

1
2
3
4
5
6
7
8
9
10
11
12
13
14
15
16 gest. Herman Grimm 1901.
17
18
19
20
21
22
23
24
25
26
27
28
29
30

Juli.

1
2 1822 der Lotte hochzeit
3
4
5
6
7
8
9
10
11
12
13
14
15
16
17
18
19
20
21
22
23
24
25 Jacobi.
26
27
28
29
30
31

August.

1
2
3
4
5
6
7
8
9
10
11
12
13
14
15
16
17
18
19
20
21 geb. Auguste Grimm
22 gest. Frau Dortchen Grimm, geb. Wild.
23
24
25 Ludwigstag.
26
27
28
29
30
31

September.

1
2
3
4
5
6
7
8
9
10
11
12
13
14
15
16
17
18
19 * der seel. Vater Phil. Wilh. Grimm.
20 gest. Jacob Grimm, 1863
21 † Frau Wild seel.
22
23
24
25
26
27
28
29
30

October.

1
2
3
4
5
6
7
8
9
10
11
12
13
14
15
16
17
18
19
20
21
22
23
24
25
26
27
28
29
30
31

November.

1
2
3
4
5
6
7
8
9
10
11
12
13 gest. Rudolph Grimm, 1889.
14
15 * Herr Wild seel.
16
17
18
19
20 † die seel. Mutter Dorothea Grimm.
21
22
23
24
25
26
27
28
29
30

December.

1
2
3
4
5
6
7
8
9
10
11 der Lotte ihre Agnes geboren
12
13
14
15
16 gest. Wilhelm Grimm, 1859.
17
18 * Ferdinand Grimm. † Wilhelms Sohn Jacob, (1826
19
20
21
22
23
24
25 † Herr Wild seel.
26
27
28
29
30
31

Quellenverzeichnis

Die Selbstbiographien von Jacob und Wilhelm Grimm aus dem Juli und September 1830, herausgegeben von Ingeborg Schnack.
Veröffentlichung der Brüder-Grimm-Gesellschaft e.V., Jahresgabe 1958.
Sonderdruck aus dem Jahrbuch der Deutschen Schiller-Gesellschaft, Band II, Stuttgart 1958.

Hausbüchel für unser Lebenlang, mit der Lotte Bildniß, Cassel 1820 im Verlag von Jacob Grimm.
Faksimile-Nachdruck, mit einem Nachwort von Hermann Brücker, Berlin 1930.